ANKE RYBA

EXPRESSIV *abstrakt* MALEN

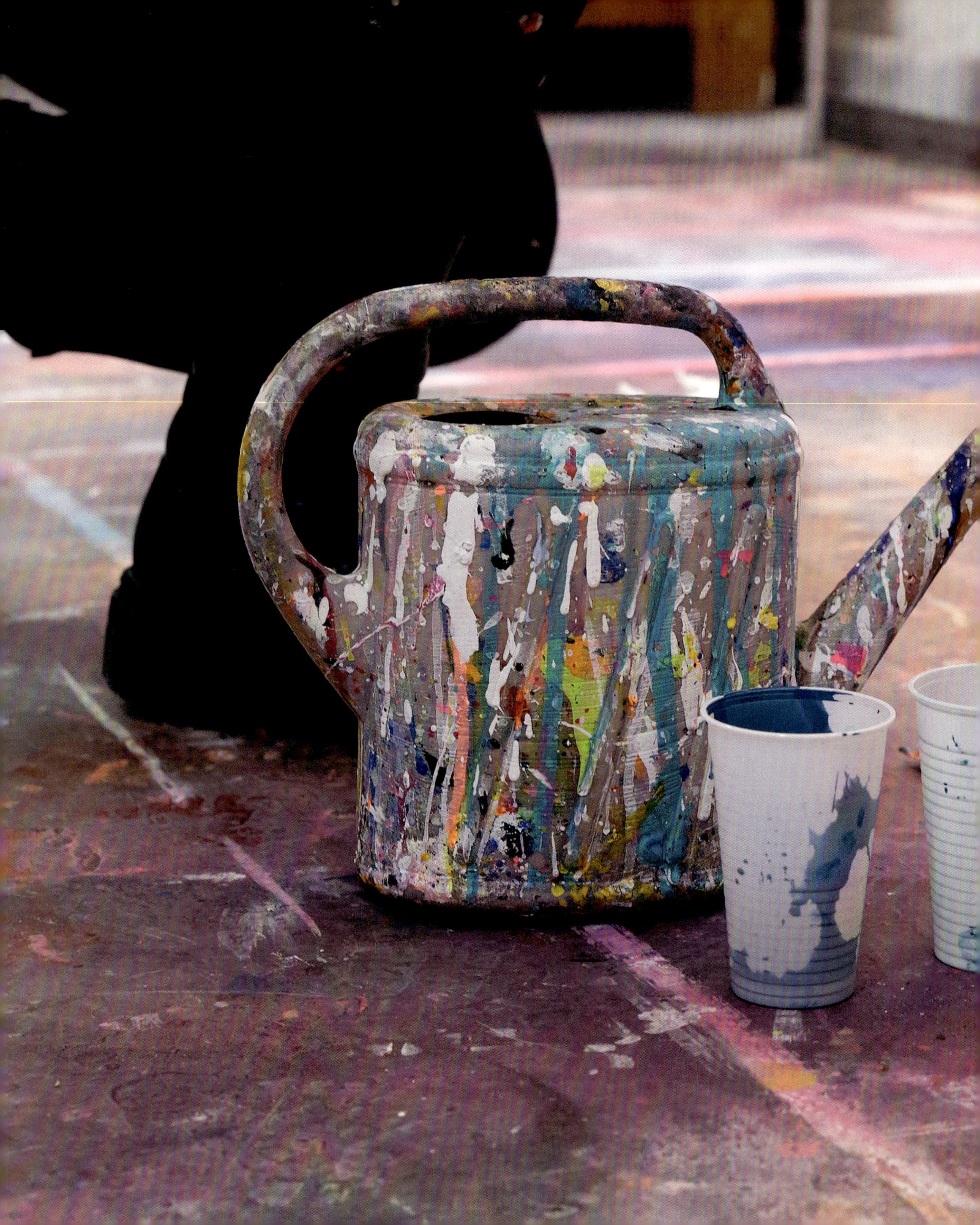

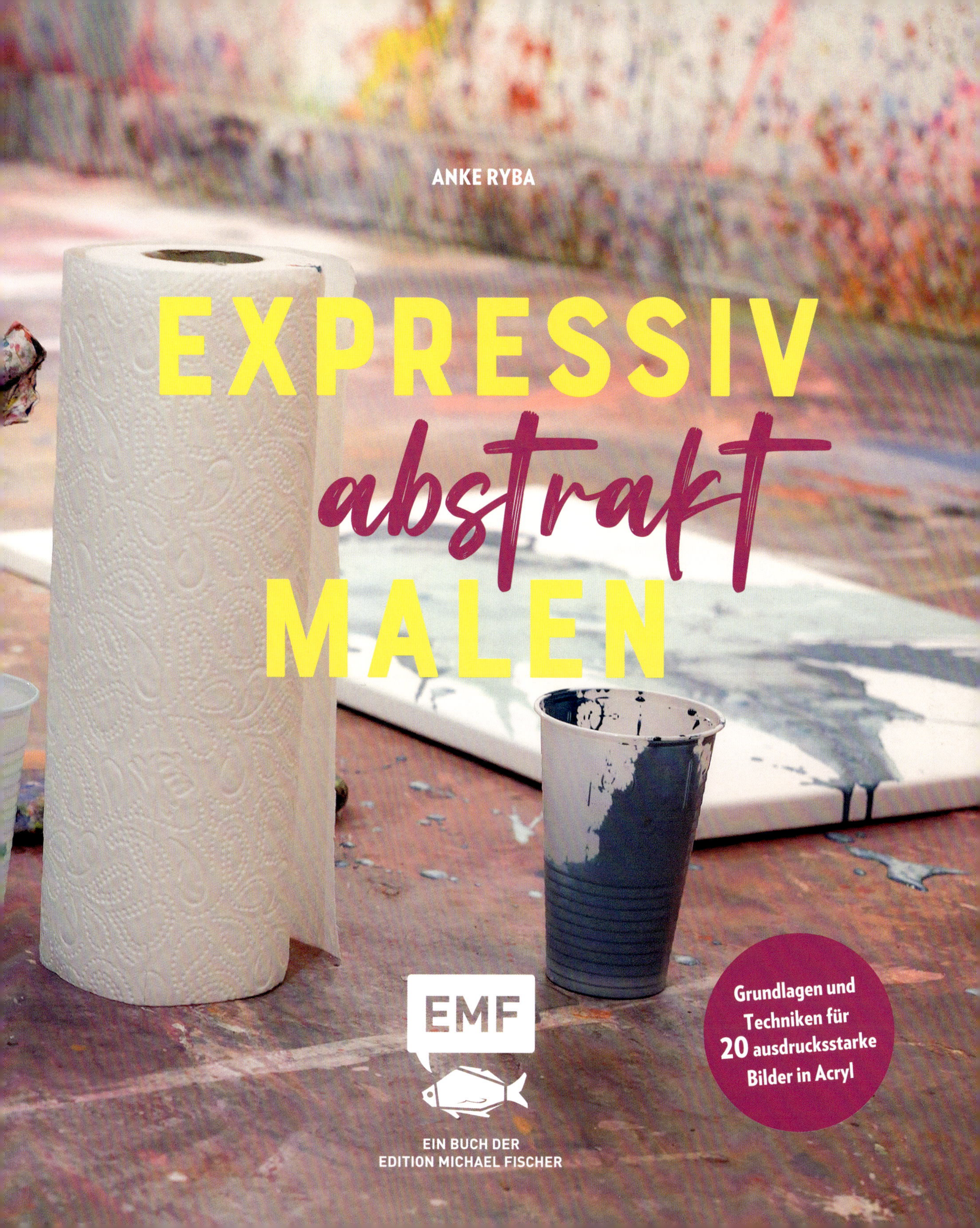

ANKE RYBA

EXPRESSIV *abstrakt* MALEN

Grundlagen und Techniken für 20 ausdrucksstarke Bilder in Acryl

EMF

EIN BUCH DER EDITION MICHAEL FISCHER

Inhalt

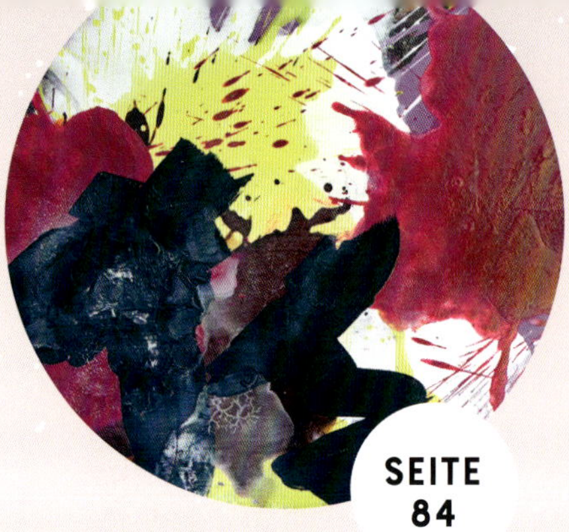
SEITE 84

23 PROJEKTE STEP BY STEP

SEITE 110

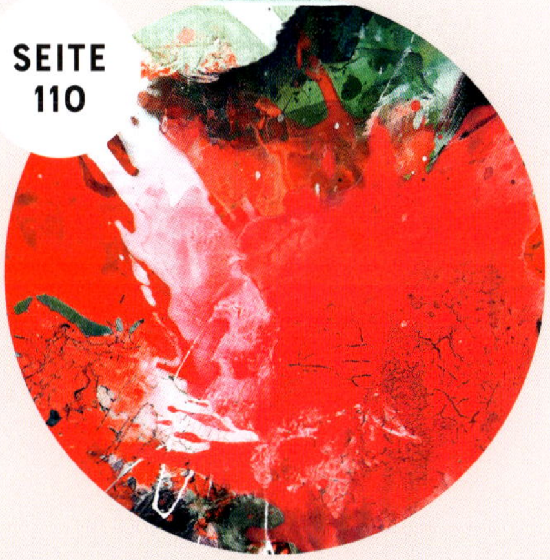

SEITE 90

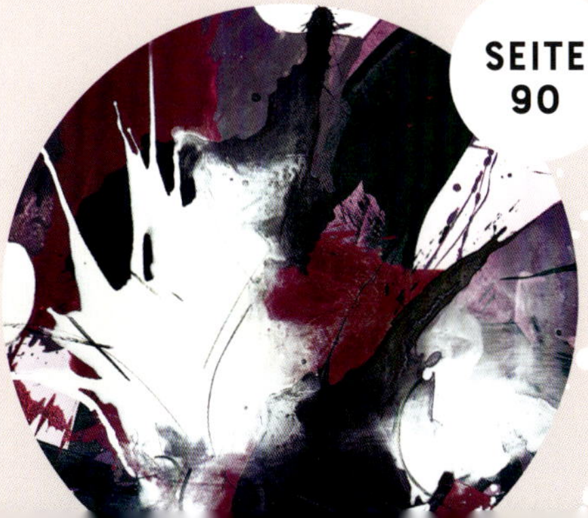

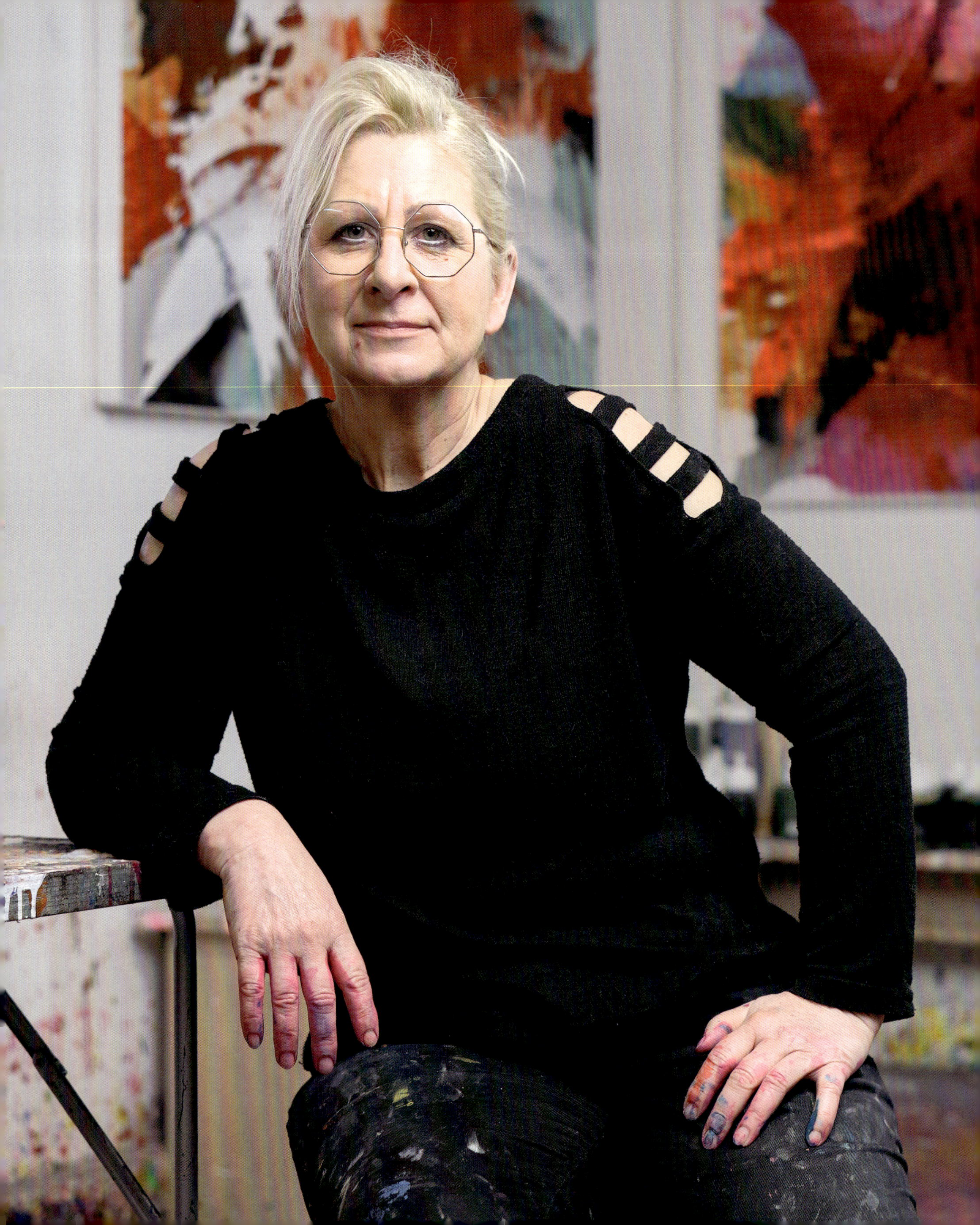

VORWORT

Malen in abstrakter Gestik ist für mich ein Lebenselixier. Farben sind die Grundlage für ein schöpferisches Werk. Mit Farben verbinden wir Menschen verschiedene Bedeutungen und Wirkungen. Farben zu kombinieren ist vielfältig, es macht Spaß und jedes Farben-Experiment trägt zur Entwicklung eines Werkes bei. Es ist eine persönliche Reise zum eigenen Ausdruck.

In diesem Buch beschreibe ich Techniken, Formen und Farben, die niemals gewollt entstehen. Die Begleitung des Zufalls spielt hierbei eine große Rolle. Jedes erschaffene Werk wird zum Unikat. Farben anrühren und dann einfach mal anfangen – aber nichts wird geplant. Ich arbeite stets intuitiv. Ich zeige dir hier in diesem Buch, wie meine Bilder in meiner Technik entstehen, und möchte dich auf einen kreativen Weg bringen, auf dem du deine Stärken und Vorlieben kennenlernst.

Kreativ sein bedeutet nicht, dass ich perfekte Bilder male. Kreativität ist mehr als Kunst, sie weckt unsere Neugierde und hat die Eigenschaft zur Offenheit. Wir können unsere Kreativität trainieren und stellen fest, dass sie uns bereichert und glücklich macht. Je weiter sich meine Einfälle von der Norm wegbewegen, desto kreativer werde ich. Die Motivation, ein Bild zu malen, kommt von innen heraus. Ich selber spüre das Frei-Sein in mir und stelle mich mit jedem neuen Werk einer neuen Herausforderung.

Ein Bild zu kreieren ist wie ein aufregendes Abenteuer. Ich weiß nie, wohin mein Weg mich führt und wo mein Ziel schließlich sein wird. Manchmal wird der Weg steinig sein und man weiß nicht, in welche Richtung man gehen soll, das ist aber normal. Dann legt man eine Pause ein und betrachtet das Erschaffene von allen Seiten.

Mit diesem Buch nehme ich dich auf die Reise der Ideenvielfalt in facettenreichen Umsetzungen mit Farben auf der Leinwand mit und möchte dich zu einem Ziel führen, das unser Leben wertvoll macht: die Kunst. Du kannst meine Technik mit deinen Farben deiner Wahl umsetzen und dich inspirieren lassen. Es gibt dir Freiheit in viele Richtungen. Aber denke daran, jedes abstrakte erschaffene Werk kann man nicht nachmalen. Eine erlernte Technik, die man beherrscht, ist wichtiger als ein Bild abzumalen. Ansonsten wird es nicht dein geistiges Eigentum sein.

Farbe wird sich ihren Weg suchen und bewegt sich frei, sie wird sich verändern und wird auch mal gelenkt bis sie ihre Ruhe zum Trocknen braucht. Die Lockerheit, die äußerst förderlich für die Malerei ist, wird sich bei dir entwickeln. Ich wünsche dir mit diesem Buch, dass du mit Freude am malerischen Prozess und an deinen persönlichen Ausdrucksformen wächst, um dann eine eigenständige Arbeitsweise aufbauen zu können. Das ist mein Weg zum eigenen Bild, den ich hier mit dir teile. Die Freude am Tun liegt an erster Stelle.

Eure *Anke*

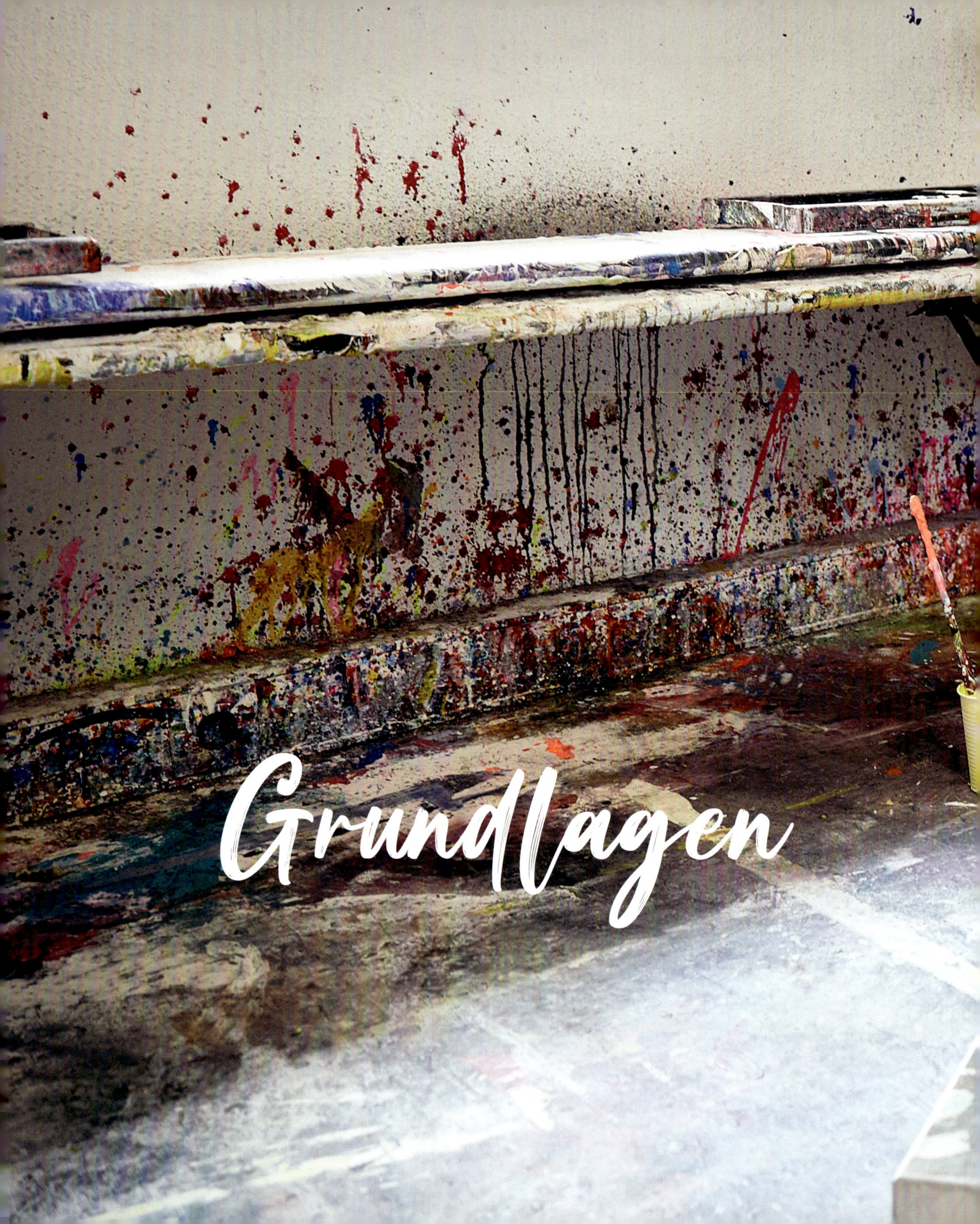

Grundlagen

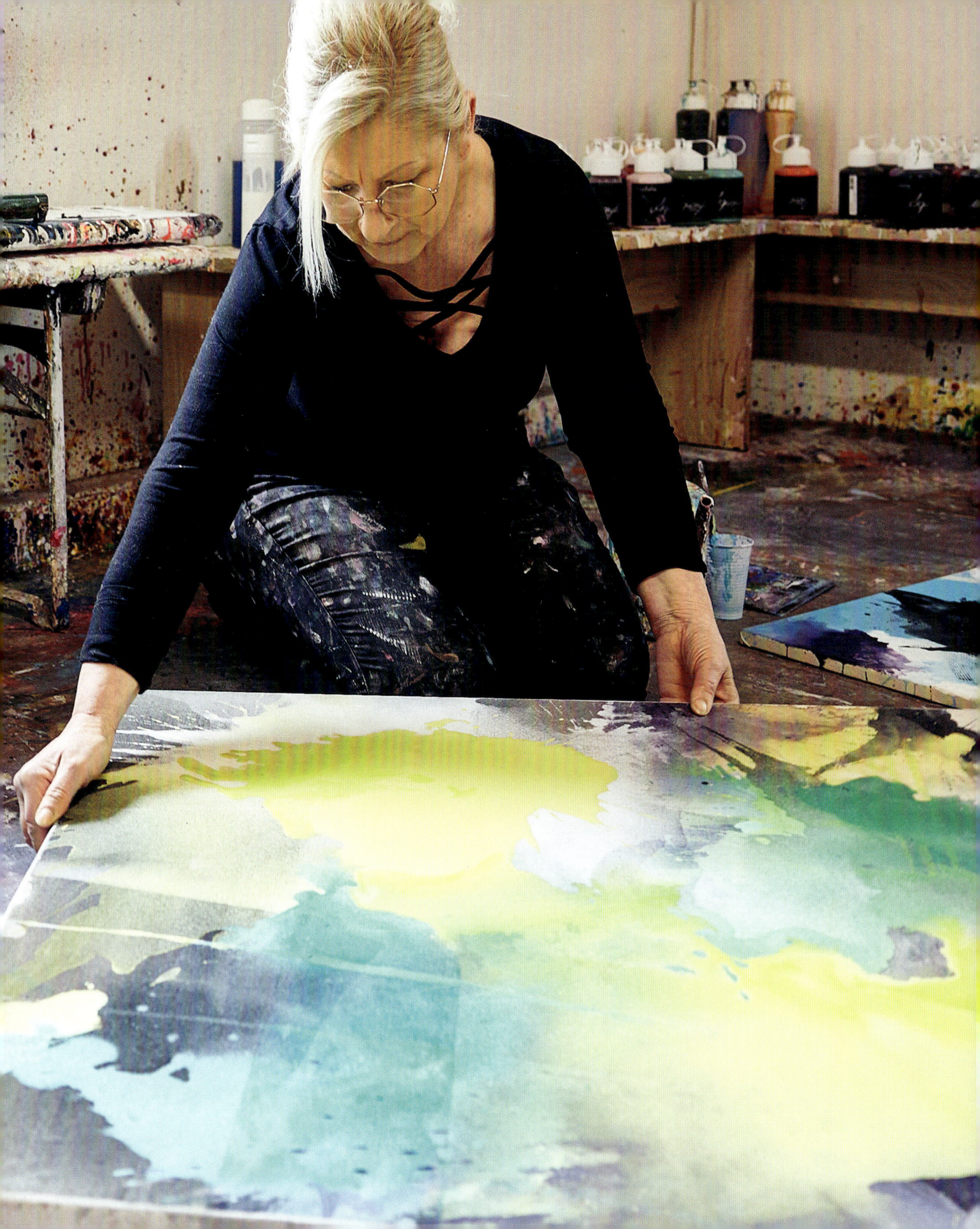

EIN PLATZ ZUM ENTFALTEN

Über sechzehn Jahre lang begleiten mich Farben jetzt schon. Angefangen, die schönen kreativen Stunden zu genießen, habe ich in der Küche an einem Esstisch. Der Tisch wurde dann aber allmählich zu klein und ich merkte, dass die Vorbereitungen mit Hin- und Herräumen und anschließend die Arbeitsfläche wieder reinigen doch sehr mühevoll waren. Schöpferisch tätig zu sein, mit Lust an der kreativen Arbeit, sollte gelassen angegangen werden. Deshalb hatte ich mir damals im Haus eine kleine Malecke eingerichtet. Alles, was ich zum Malen benötigte, hatte ich zur Hand. Vielleicht findest auch du in deiner Umgebung im Haus, im Keller oder in der Garage Platz für deine eigene kreative Arbeit. Mit der Zeit wird auch das Sortiment an Farben und Materialien wachsen. Das, was du benötigst, benötigt auch Platz, damit du einen guten Überblick behalten kannst. Mach dir Gedanken darüber, wo du die Materialien und dein Werkzeug lagern wirst, um genug Platz auf der Arbeitsfläche zu haben. Heute arbeite ich in meinem 120 m^2 großen Atelier.

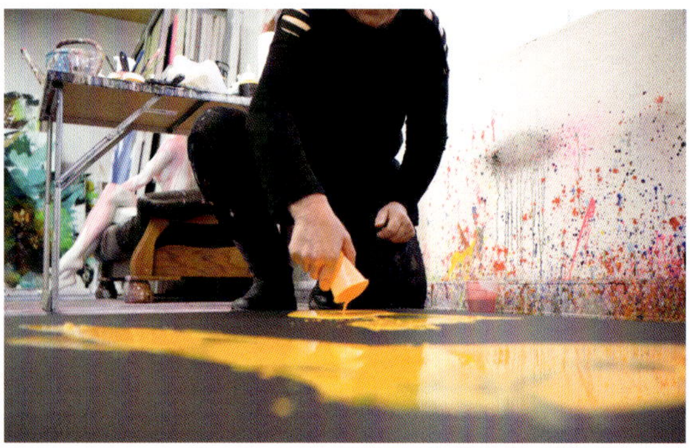

ARBEITSFLÄCHE

Eine Arbeitsfläche kann ein Tisch, ein Tapeziertisch oder Ähnliches sein. Ich arbeite auch sehr oft auf dem Boden, wenn das Bild schon sehr weit fortgeschritten ist. So habe ich eine größere Distanz zum Bild und kann sehen, wie der Prozess sich entwickelt und wo ich weiterarbeiten möchte. Du kannst das Bild, wenn es getrocknet ist, zum Betrachten auch auf eine Staffelei stellen.

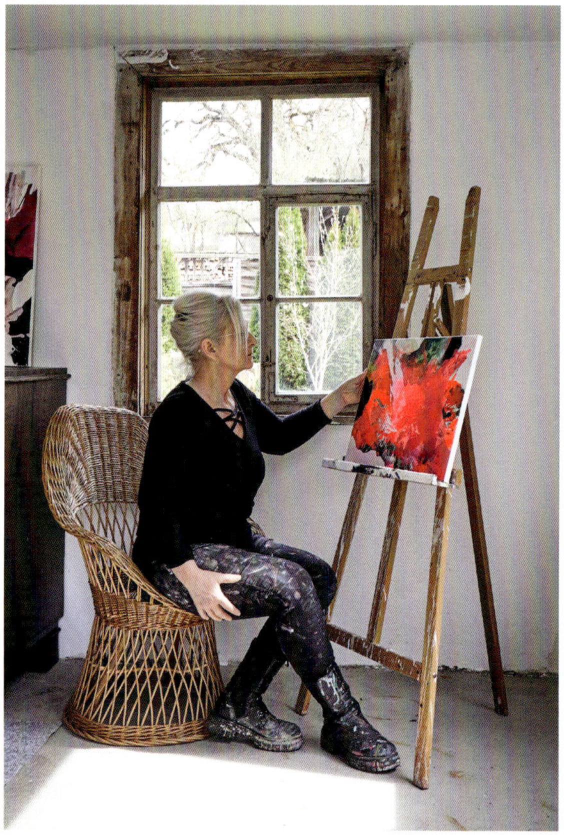

WERKZEUG

BREITER SPACHTEL

Der breite Spachtel aus Metall, den es in jedem Baumarkt zu kaufen gibt, darf in meinem Sortiment nicht fehlen. Er ist das wichtigste Werkzeug beim Arbeiten in meiner Technik.
Ich nehme ihn zum Grundieren und Verteilen von Farbe und für das Anlegen von Formen, egal ob die Farbe dick aufgetragen oder lasierend darüber gelegt wird. Spachtel- und Strukturmassen werden mit dem Flachspachtel flächig verteilt.
Wichtig ist, dass nach jedem Arbeitsgang die Klinge des Spachtels gesäubert wird. Angetrocknete Farbe und zu viele Reste vom Arbeitsmaterial an der Klinge sind sehr schwer wieder abzubekommen. Eine saubere Klinge bedeutet ein besseres Ergebnis.

JAPANSPACHTEL

Der Japanspachtel aus Metall wird bei mir zum Kneten von Graumehl, Binder und Wasser benötigt. Bei fertig gekauften Spachtelmassen dient der Spachtel bei mir auch als Löffel. Den Japanspachtel aus Metall bitte nicht im Wasser stehen lassen, da dieser nach einiger Zeit zu rosten anfängt. Alternativ gibt es diese Spachtel auch aus Plastik.

GROßER FLACHER PINSEL

Dieser Pinsel wird für die schwarzen und weißen Flächen sowie für die Ränder benötigt. Flachpinsel gibt es in unterschiedlichen Qualitäten. Es sollte aber nicht der billigste sein, denn diese Pinsel verlieren beim Arbeiten meist viele Haare, was dann wirklich ein Ärgernis ist und mit Mehraufwand belastet. Solch einen Pinsel nehme ich auch für den Schlussfirnis. Allerdings sollte für den Schlussfirnis ein neuer Pinsel zum Einsatz kommen. Ich lege mir diesen einen Pinsel zum Firnissen immer auf die Seite, damit er unberührt von Farben ist. Alle Pinsel immer gut auswaschen und etwas abtrocknen, so behalten sie ihre Form.

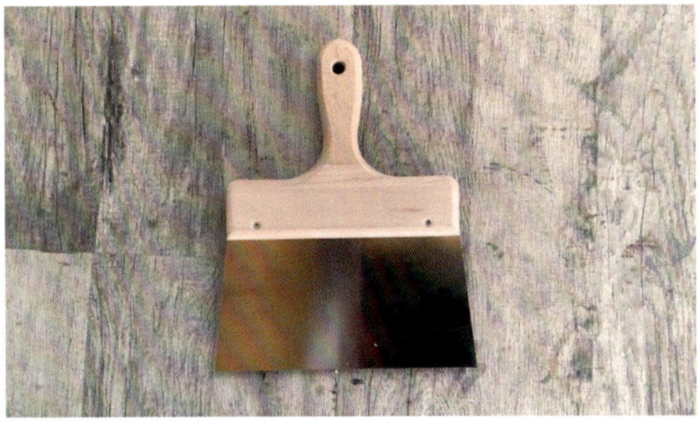

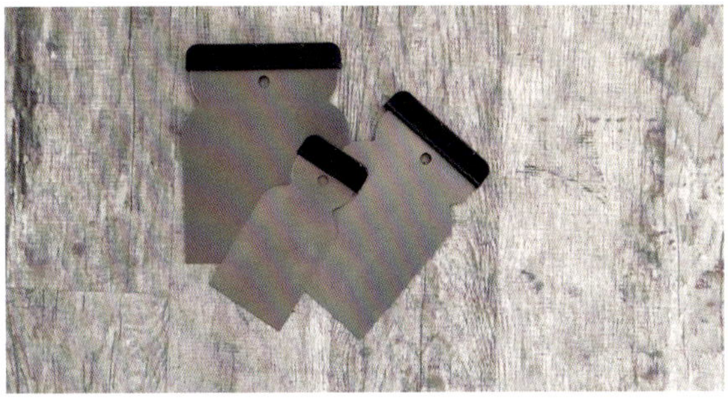

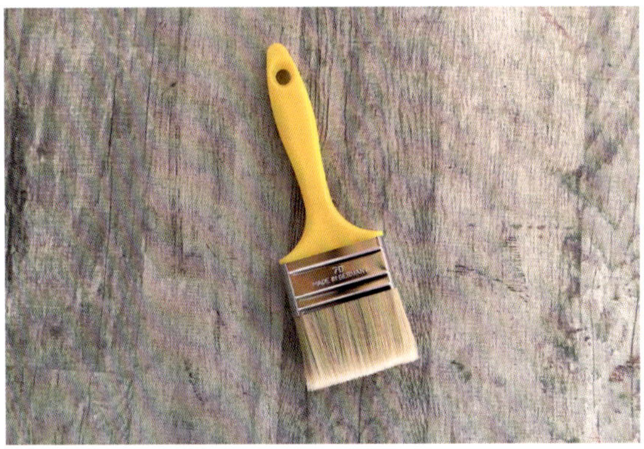

KLEINE HELFER

PAPIERBECHER

Papierbecher in verschiedenen Größen nehme ich,, um die Farbe mit Wasser zu mischen. Beim Verrühren ist es wichtig, einen ausgedienten Pinsel anstatt eines Rührstabes zu verwenden. Die Borsten des Pinsels lösen die Farbe im Wasser bestens auf.

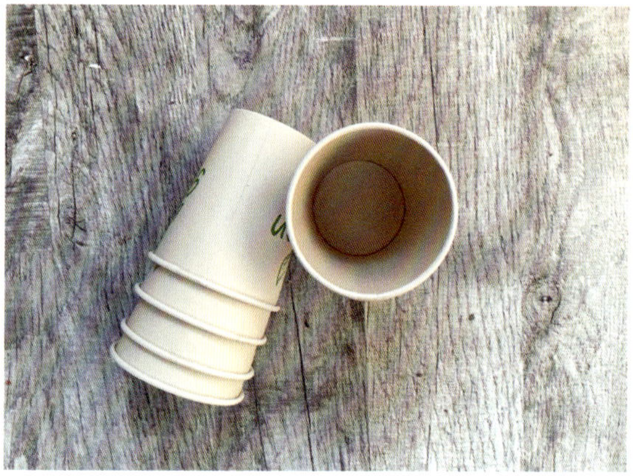

PAPIERROLLEN

Papierrollen dienen stets dazu, überschüssige Farbe abzutragen, oder aber auch zum Abwischen eines Pinsels und der Spachtel. Stoffreste aus Baumwolle sind eine Alternative.

SPRÜHFLASCHE

Dann habe ich noch eine Sprühflasche. Diese dient dazu, im Vorfeld die Leinwand zu befeuchten, damit die Farben besser fließen können, oder die Farben durch das Ansprühen in eine Richtung zu lenken..

PADDEL-PINSEL

Der Paddel-Pinsel hat einen kurzen Griff für ein einfaches Arbeiten mit dicker Farbe – ideal für breite Striche und Kanten. Ich verwende ihn auch, um großflächige Farben zu verblenden. Diese Farbstellen werden dann ganz fein mit dem Pinsel geglättet.

SILIKONPINSEL

Silikonpinsel gibt es in unterschiedlichen Größen, in hart und weich. Ich verwende diesen Spezialpinsel in weich in einer mittleren Größe. Er kommt bei mir zwar nicht oft zum Einsatz, aber er kann durchaus gute Dienste leisten. Mit ihm ziehe ich Strukturen in die feuchte Farbe und in die Strukturmasse.

Die Liste der Pinsel in allen Variationen ist lang. Mit den Jahren findest du heraus, welche Arten von Pinseln dir ans Herz wachsen, um deine Leidenschaft in Bildern auszudrücken.

PAPPTELLER

Einen Stoß mit Papptellern lasse ich nie ausgehen. Diese Teller nehme ich zum Testen meiner ausgesuchten Farben. Ich kann die Farben mit einem Pinsel oder einem kleinen Spachtel aneinanderlegen und ineinanderziehen. Sofort sehe ich, ob mir die Farbenkombination gefällt oder ob sich die Farbtöne in eine unansehnlichen Mischung entwickeln. So habe ich später auf meiner Leinwand keine ungewollten Überraschungen.

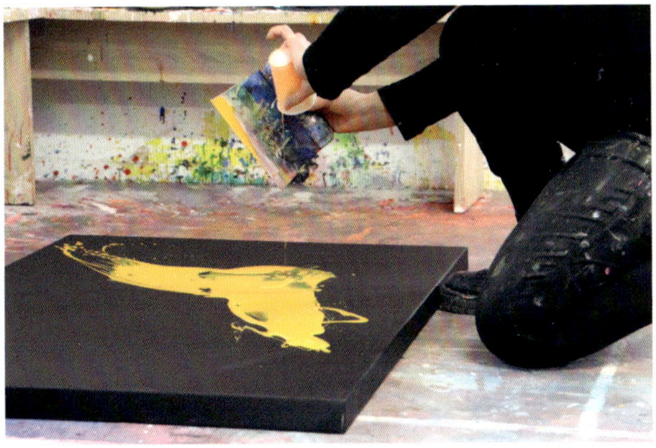

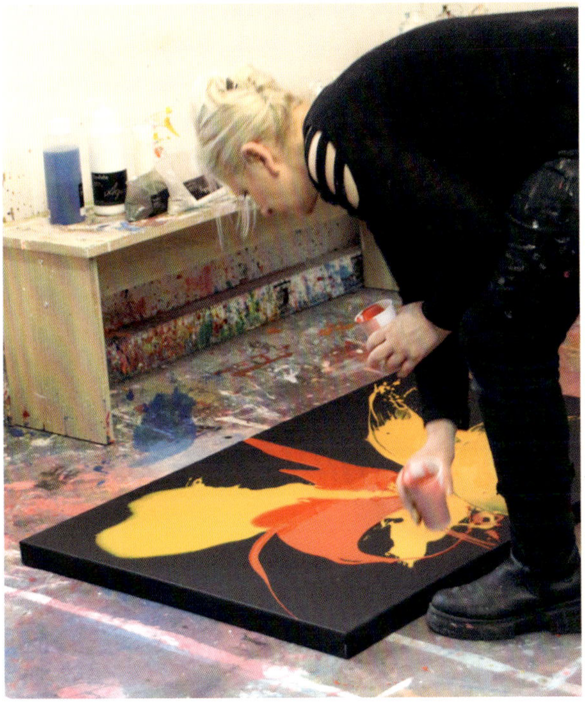

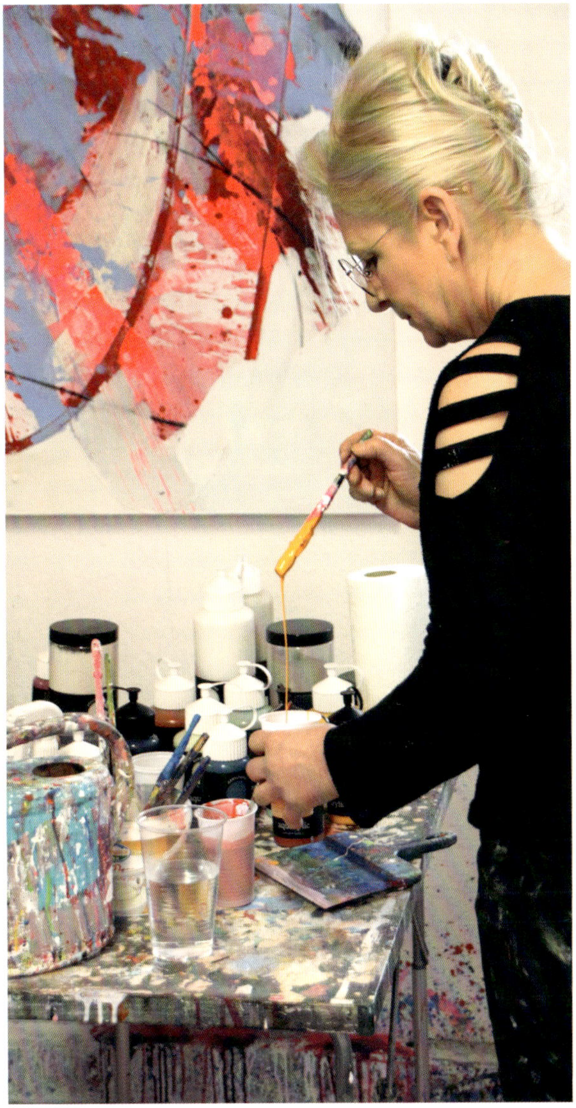

Um frei und ungezwungen arbeiten zu können, bietet das Atelier die allerbesten Voraussetzungen. Bei meiner angewandten Technik läuft und spritzt die Farbe in alle Richtungen.

Ich arbeite überwiegend am Boden. Abdeckungen benötige ich nicht, sondern wische die überflüssige Farbe mit Tüchern ab oder lasse dünne Farbschichten und Spritzer trocknen.

Du solltest dir im Vorfeld überlegen, wie du das für dich organisieren möchtest. Wasserabweisende Tischdecken oder Plastikfolie für den Tisch bewähren sich bestens. Malervlies zum Schutz für den Boden ist hervorragend geeignet. Alternativ gibt es auch größere Plastikwannen, die man sich zur Seite stellt, um die Farbe ablaufen zu lassen. So kann das Abenteuer mit Farbe relaxed beginnen!

ACRYLFARBEN

Farbe ist Leben. Ich arbeite experimentell mit leuchtenden Farben. Sie sind ein fester Bestandteil meiner Kunst. Die Farben der Firma Aquarylic gehen in meinem Sortiment nie aus. Diese Farben sind hoch pigmentiert und untereinander alle mischbar. Zudem sind sie wasserlöslich. Selbst reine Pigmente können auf einer Malplatte eingearbeitet werden. Durch die Kombination der Acryl- und Aquarylic-Farben entstehen nicht vorhersehbare Zufälle. Diese Zufälle sind in meiner Kunst enorm wichtig, da ich beim Malen immer den Zufall begleite. Mein Klassiker, die Neonfarben von der Firma Boesner, sind auf vielen Bildern von mir zu sehen und nicht mehr wegzudenken. Mit diesen Farben arbeite ich aus Überzeugung und empfehle diese auch immer gerne weiter.

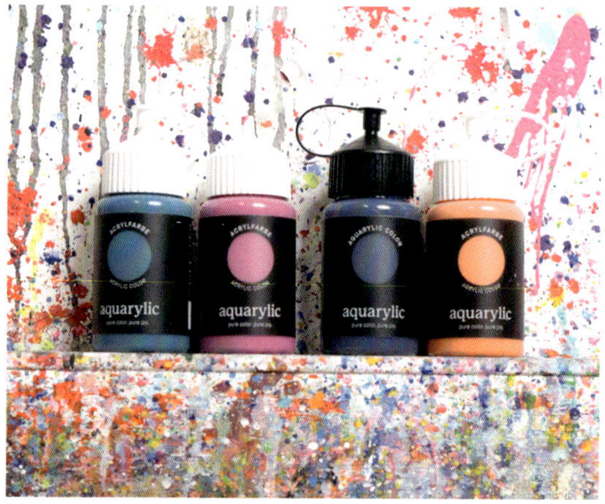

SPACHTELMASSEN

Gibt es fertig zu kaufen. Ich arbeite im Wechsel mit der mittelgroben Guardi-Spachtelmasse von der Firma Boesner und mit einer selbst angerührten Masse aus Graumehl und Kreideweiß der Firma Aquarylic.

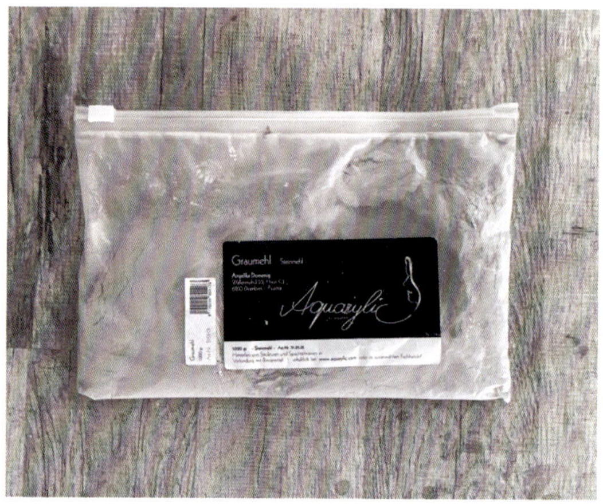

Rostspachtelmasse

Die Firma Aquarylic bietet in ihrem Sortiment Eisenspäne an. Diese werden in die selbst gerührte Spachtelmasse glatt eingerührt und auf die Leinwand aufgetragen. Mit einem Oxidationsmittel wird die Masse danach eingesprüht. Nach zwei Stunden entsteht eine wunderschöne Rostfläche.

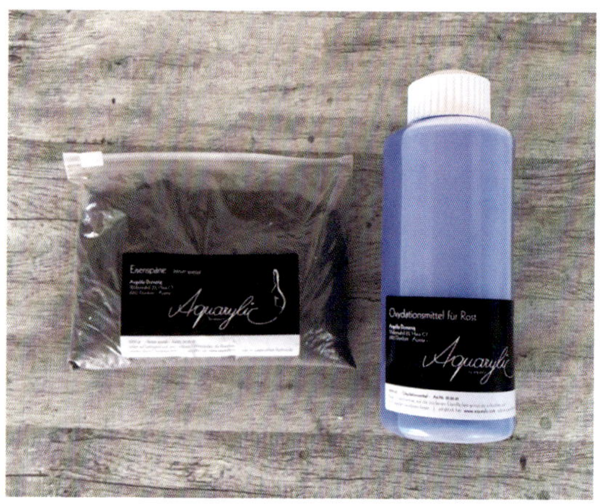

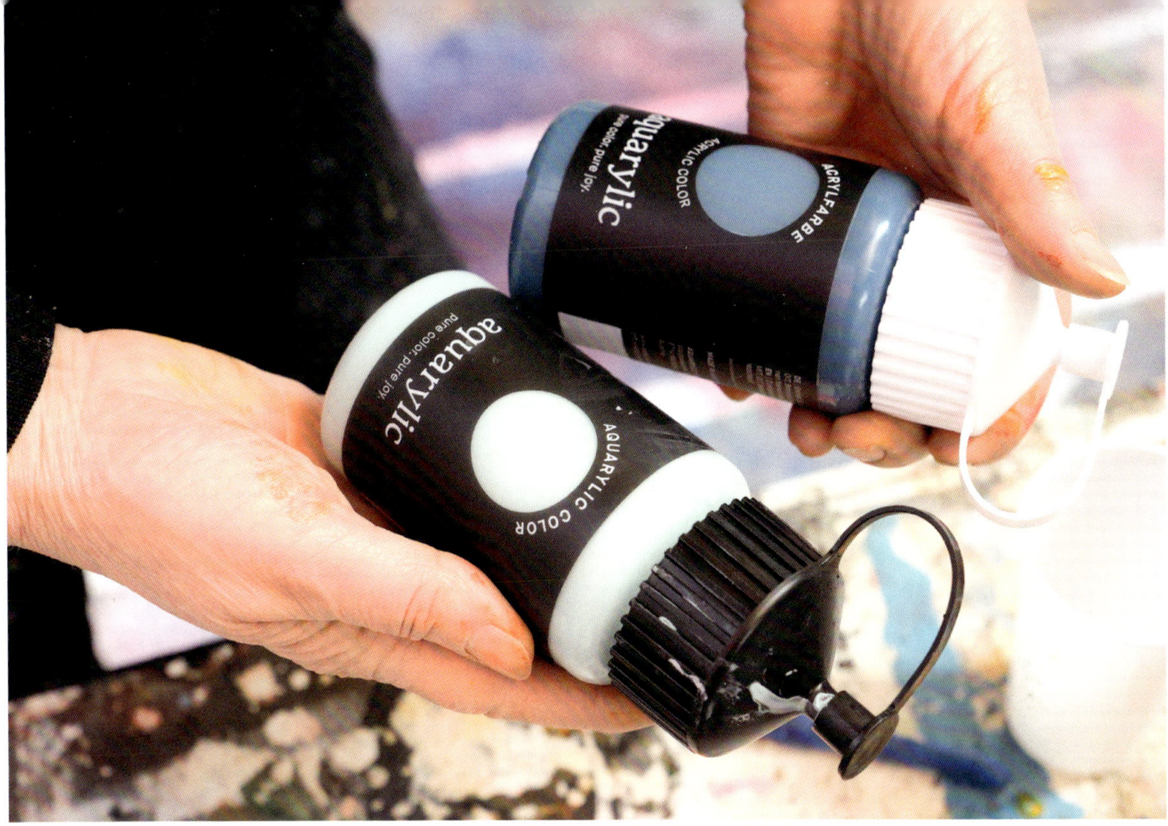

AQUARYLIC-FARBEN

Diese kenne ich erst seit vier Jahren. Die Aquarylic-Farbe ist hoch pigmentiert und für jedermann anwendbar. Sie lässt sich problemlos mit Acrylfarben mischen. Die Farben sind wasserlöslich und die Farbe trocknet glänzend auf.

SCHLUSSFIRNIS

Kein fertiges Bild ohne Schlussfirnis. Warum ist das so wichtig? Er schützt die Farben vor Einflüssen und das Bild bekommt einen leichten seidenen Glanz. Ich benutze einen auf Wasser basierenden Schlussfirnis in Seidenmatt. Dieser ist wasserlöslich, geruchlos und lässt sich mit einem Pinsel ohne Probleme gleichmäßig auf dem fertigen Werk verteilen.
Du kannst natürlich auch einen glänzenden Firnis für dein Werk verwenden – das ist ganz sicher eine Geschmacksache.

QUARZSAND

Dieser feine Sand wird mit Farbe eingearbeitet. Es entsteht ein dicker Teig. Dieser wird mit dem Spachtel auf der Leinwand aufgetragen und wird dort hart wie Beton.

BESCHRIFTEN

Jedes fertige Kunstwerk bekommt eine Signatur mit dem Jahr der Fertigstellung. Meine Bilder signiere ich auf der Rückseite, direkt auf der Leinwand. Beschriftet wird noch zusätzlich mit den Angaben: Jahr der Fertigstellung, Titel des Bildes und Material. Viele Künstler*innen signieren ihre Bilder auch auf der Vorderseite. Diese Entscheidung triffst du.

LEINWAND

Die Entscheidung, welche Leinwand man kauft, ist nicht ganz einfach. Die Qualität dieser bespannten Keilrahmen ist doch sehr unterschiedlich. Ich habe die Erfahrung gemacht: Je teurer eine Leinwand ist, umso besser die Qualität. Arbeite ich zum Beispiel mit viel Wasser und in vielen Schichten, besteht die Gefahr, dass sich das Holz verbiegt. Die Leinwand gerät aus dem rechten Winkel oder streckt sich nach außen. Ganz wichtig ist es immer, die Leinwand nicht auf der feuchten oder nassen Arbeitsfläche liegen zu lassen.

Sollte eine aufgezogene Leinwand sehr dünn sein, kann diese an den Außenkanten brechen. Das sieht dann aus, als ob man mit einem Messer einen Schlitz gezogen hätte. Das ist mir auch schon passiert und ist sehr ärgerlich. So etwas repariere ich dann, indem ich feine Spachtelmasse dünn auf die aufgebrochenen Stellen streiche und austrocknen lasse, bevor ich die Stelle wieder mit Farbe überstreiche. Meist ist dann nicht mehr viel von der Reparatur zu sehen und die Leinwand reißt an dieser Stelle auch nicht mehr weiter auf.

LEINWÄNDE SELBER ANFERTIGEN

Natürlich gibt es auch die Möglichkeit, die Leinwände selbst aufzuspannen. Diese Option nutze ich hauptsächlich bei großen Formaten.
Um eine Leinwand selber zu bauen, muss ich die Holzleisten nicht selber anfertigen lassen. Es gibt fertige Bausätze in allen Größen zu kaufen. Diese Bausätze werden dann zusammengesteckt.

Wenn du dich für den Selbstbau entscheidest, ist es ratsam, eine zweite Person heranzuziehen. Die großen Leisten gerade zu halten, um diese mit einem Hammer festzuklopfen, ist nicht so einfach, zu zweit aber kein Problem.
Wenn die Leisten fertig sind, wird der Rahmen mit Leinwand bespannt. Zu kaufen gibt es auch hier wieder unterschiedliche Größen und Qualitäten.

Für das Bespannen benötigt man einen Elektrotacker. Ich breite die Rolle mit der Leinwand auf dem Boden aus und lege den Keilrahmen darauf. Danach schneide ich mit der Schere die Größe zurecht. Die Leinwand wird zuerst auf einer Seite befestigt, anschließend arbeite ich auf der gegenüberliegenden Seite. Ich arbeite sorgsam und ziehe die Leinwand etwas zurecht, damit diese keine Wellen schlägt. Die Ecken werden eingeschlagen und erst ganz zum Schluss befestigt.

Viele Jahre konnte ich mir nicht vorstellen, eine Leinwand selbst zu bespannen. Ich habe aber schon nach der ersten Leinwand festgestellt, dass es ohne Probleme machbar ist, und bin heute sehr froh über meine Entscheidung.

HOLZPLATTEN

Holztafeln gibt es in Leinwand-Format. Auf diesen Holzplatten arbeite ich auch sehr gern.

Bevor du zu malen anfängst, solltest du die Platten zwei- bis dreimal mit Gesso oder dem Kreideweiß vorgrundieren. Die Farben behalten so ihre Leuchtkraft und haften besser auf dem Untergrund. Du kannst auch eine Gold- oder Silberfolie aufkleben, um einen effektvollen Untergrund zu bekommen.

MALPLATTEN

Dünne Malplatten, die mit Leinwand bezogen sind, gibt es in unterschiedlichen Größen.

Diese Malplatten sehen an der Wand nicht besonders schön aus. Meinen Bildern, die auf einer Malplatte entstanden sind, verpasse ich in einen farblich passenden Rahmen. Die Malplatte wird dazu mit einem Kleber im Rahmen befestigt.

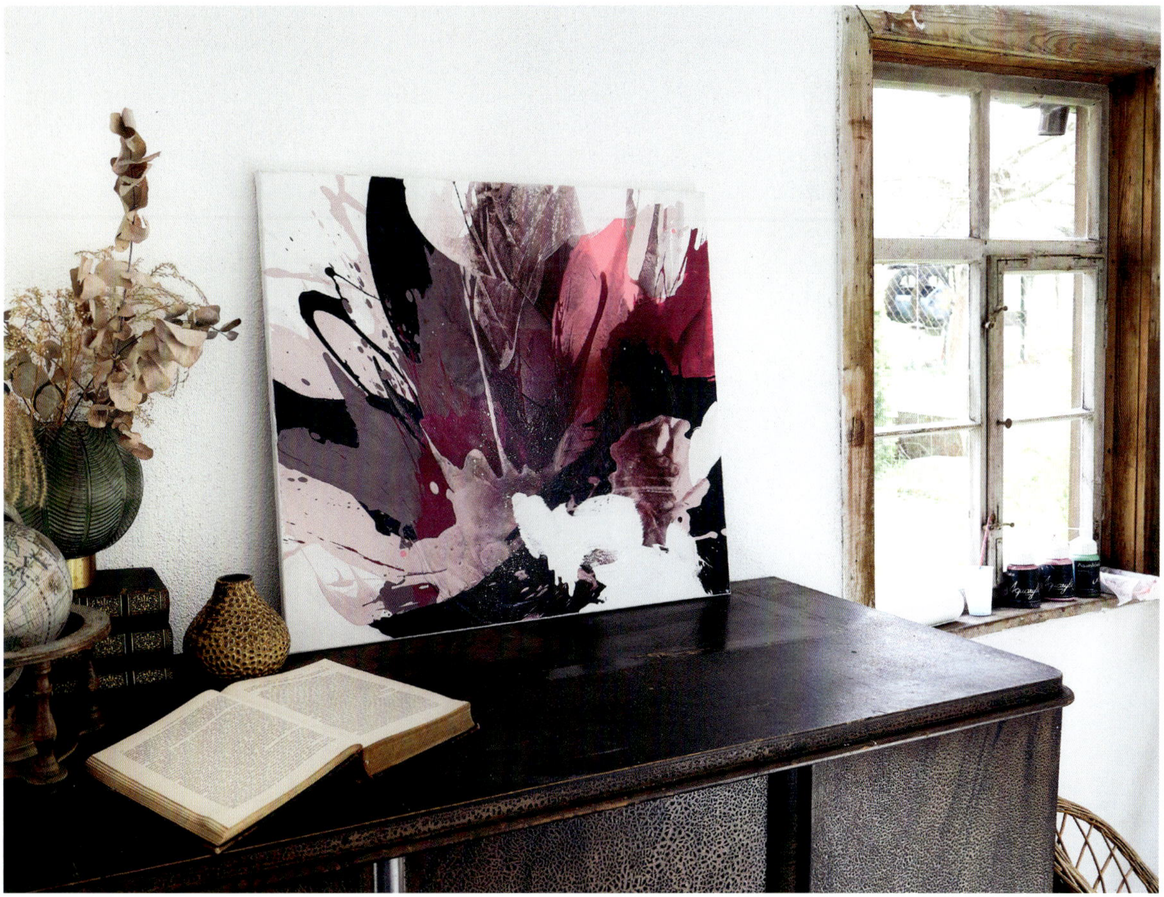

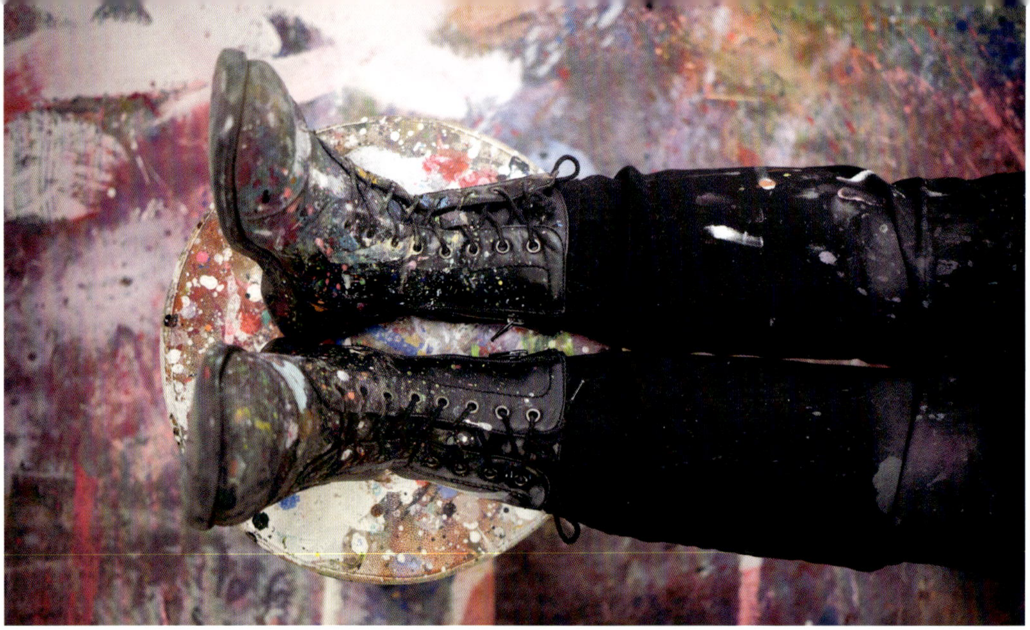

BILDKOMPOSITION

Die Bildkomposition steht für den formalen Aufbau eines Kunstwerks. Sie umfasst die künstlerische Anordnung von Elementen und erzielt beim Betrachter eine bestimmte Wirkung. Sie bildet damit ein relevantes gestalterisches Mittel wie Farbe, Form oder auch die Perspektive. Kompositionen findest du auch in der Sprache und der Musik. In der Malerei sorgen sie für Dynamik und erzeugen eine Tiefenwirkung im Bild.

Wenn du dein Bild aufbaust, sollten sich Gegensätze ergeben, die zu einer Spannung führen. Bei mir sind viele Jahre vergangen, bis ich gelernt habe, ein spannungsreiches Bild aufzubauen. Du wirst merken, dass man eine Komposition nicht einfach so aus dem Ärmel schütteln kann. Ich stelle mir mein Bild so hin, dass ich es aus der Ferne betrachten kann. So sehe ich, wie der Aufbau auf mich wirkt. Wenn dir etwas im Bild nicht gefällt oder du der Meinung bist, da fehlt noch etwas, arbeite weiter daran, bis du mit dem Ergebnis zufrieden bist. Das Thema Bildaufbau bleibt ewig spannend und wird dich immer wieder aufs Neue herausfordern.

FREIES ARBEITEN

Freies Arbeiten ohne jegliche Vorstellung – so entstehen meine gemalten Werke in abstrakter Gestik und dienen allein der Anschauung.
Leinwand, Farben und mein Werkzeug: Für mich gibt es nichts Schöneres. Die Freude am malerischen Prozess und die Ausarbeitung meiner persönlichen Ausdrucksformen stehen stets im Vordergrund. Die Bereitschaft, sich immer wieder auf etwas Neues einzulassen, ist die beste Voraussetzung dafür. Es ist ein Spiel aus Farben, Licht und Transparenz und dennoch kraftvoll im Ausdruck.

INSPIRATION …

… ist bewusstes Sehen. Deinen schöpferischen Einfall, deine Gedanken und auch deine plötzliche Erkenntnis erhältst du durch Muster, Farben und Formen der Natur und durch Kompositionen. Inspiration ist überall. Beim genauen Betrachten bekommst du einen unerwarteten Einfall und findest so deinen Ausgangspunkt für neue Ideen. Ich bin bei einer neuen Idee total überwältigt und handle dann spontan. Mir ist in all den Jahren meiner Malerei aufgefallen: Je mehr ich erschaffe, desto mehr Ideen habe ich. Kreativität wächst aus sich selbst. Meine Sinne, meine Eindrücke sehen und spüren etwas Besonderes. Wenn du dann einfach anfängst und deiner Inspiration freien Lauf lässt, wirst du erfahren, dass es etwas Befreiendes hat. In meinem Leben ist Inspiration eine große Bereicherung. Du kannst jeden Tag in kleinen und großen Momenten Inspiration entdecken. Lass das Wunder dein Leben verändern.

ABSTRAKTION …

… ist losgelöst vom Gegenständlichen. Als wichtigster Bestandteil gelten Farbe, Form und das verwendete Material. Abstrakte Kunst nennt man auch gegenstandslose Kunst und sie bietet in ihrer Gestaltung eine große Freiheit. Abstrakte Kunst versucht nicht, eine genaue Darstellung zu schaffen, sondern die Darstellung ist eine visuelle Realität. Mich zieht abstrakte Kunst in ihren Bann. Wie Menschen diese Kunstrichtung erleben, ist für jeden sehr unterschiedlich. Die abstrakte Kunst ist unglaublich spannend. Du wirst bei deinem eigenen Bild auch erfahren, ob du emotional ergriffen bist.

KUNST …

… Es gibt Gründe dafür, dass wir sie brauchen. Du kannst sie selber erschaffen, aus dem Alltag ausbrechen, sie kann dich inspirieren und sie kann dein Rückzugsort sein. Doch Worte allein können nicht beschreiben, wie wichtig die Kunst für uns Menschen ist. Durch Erschaffen eigener Bilder erfahren wir den Ausdruck menschlichen Daseins. Ein Werk zu erschaffen bereitet uns große Freude. Kunst ist eine Form der Gefühlsäußerung und befriedigt die spirituellen Bedürfnisse in uns.

TIPPS ZUM SCHÜTTEN DER FARBEN

Das Schütten mit Farbe direkt aus dem Becher auf die Leinwand ist reine Übungssache. Wichtige Bestandteile sind die Menge im Becher und die Konsistenz der Farbe.

Farben, die ich aus dem Becher auf die zu bearbeitende Fläche leere, wird mit wenig Wasser zu einer cremigen Konsistenz angerührt. Die Farbe soll dabei selbständig aus dem Becher laufen.

Bei einer Schüttung, die nachträglich nicht mit dem Flachspachtel bearbeitet wird, sollte die Konsistenz der Farbe nur leicht cremig sein.
Entscheide ich mich für einen lasierenden Auftrag direkt aus dem Becher, gebe ich dementsprechend viel mehr Wasser hinzu.

Wichtig ist, dass die Farbe mit einem kleinen Pinsel gut aufgerührt wird. Es können sonst ungewollte Tupfer in den Farbflächen entstehen, wenn die Farbe sich nicht richtig aufgelöst hat.

Beim Anrühren der Farbe mit Wasser ist es ratsam, zuerst die Farbe in den Becher zu geben. Anschließend gibt man wenig Wasser hinzu und rührt alles gut auf. Dann erst das restliche Wasser hinzugeben, so viel, wie benötigt wird. Den Inhalt im Becher zum Schluss immer nochmals gut aufrühren. So lässt sich vermeiden, dass sich kleine Farbklümpchen bilden. Für mehrere geplante Schüttungen in der jeweiligen Farbe ist es sinnvoll, lieber mehr vorzubereiten, als jedesmal die Farbe neu anzurühren.

Restbestände im Becher kann man gut ein paar Tage abgedeckt mit Folie aufbewahren und wieder verwenden.

Die Menge der Farbe im Becher richtet sich nach der Größe der Farbformen, die ich gestalten möchte. Je größer die Form sein soll, umso mehr Farbe wird im Becher benötigt. Am Anfang rate ich dazu, dass die Stellen lieber kleiner ausfallen. Eine zweite Schüttung neben die platzierte Stelle geht ohne Weiteres. Man kann die Farbformen auch vergrößern, indem die Farbe neben die zu vergrößerende Stelle vorsichtig, aus dem Becher herausgeschüttet, angelegt wird.

Welche Effekte beim Schütten entstehen, richtet sich nach der Handbewegung. Ausprobieren und mutig sein lautet hier die Devise. Mit der Zeit bekommt man ein Gespür dafür, welche Effekte zu erwarten sind.

Ein zu dicker Auftrag mit Farbe sollte mit einem Papiertuch abgenommen werden, allerdings nicht runtergewischt werden. Ein bis zwei Blätter des Papiertuches werden dabei kurz auf die Farbschicht gelegt und gleich wieder weggenommen. So verringert sich die Schicht der Farbe mühelos.

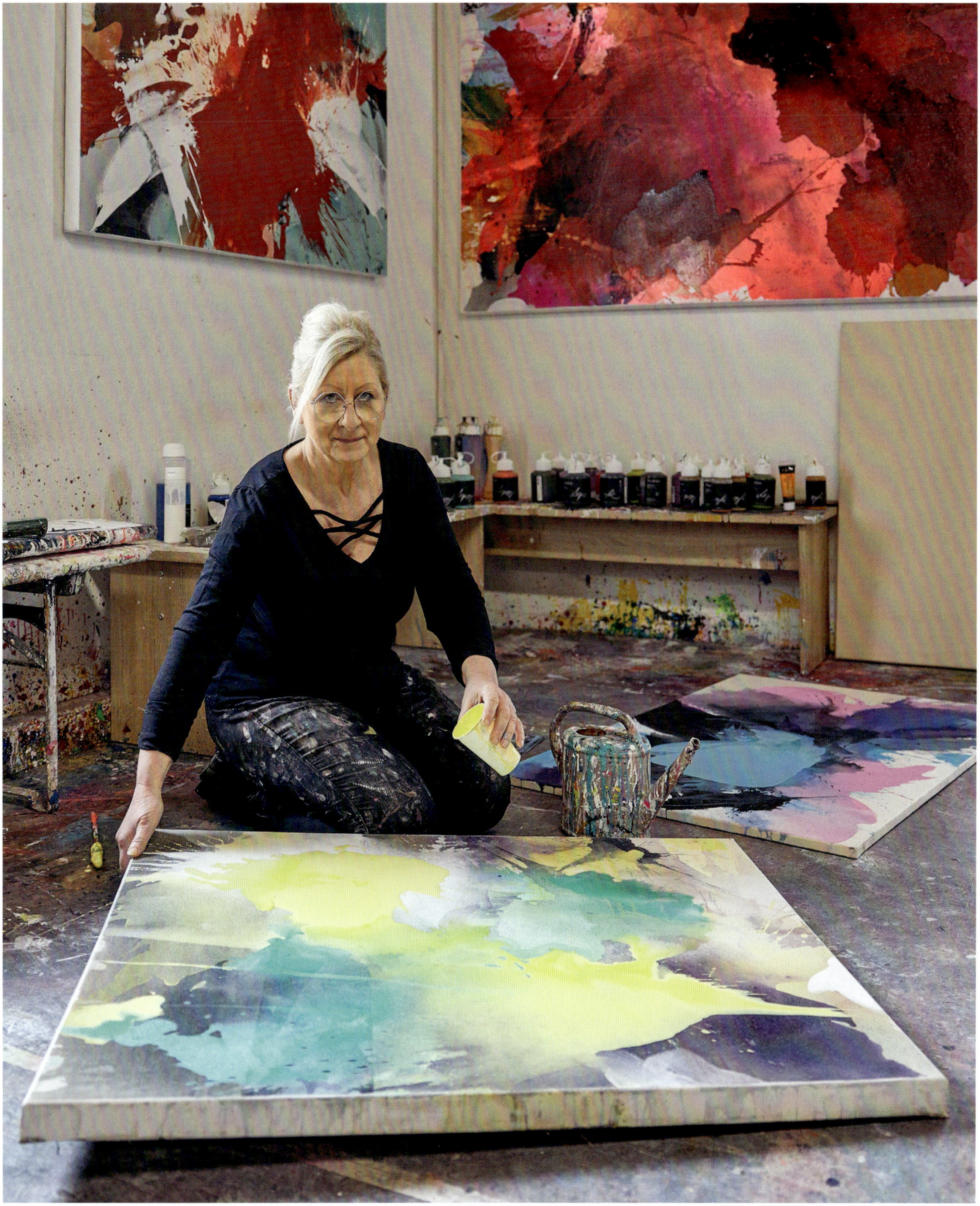

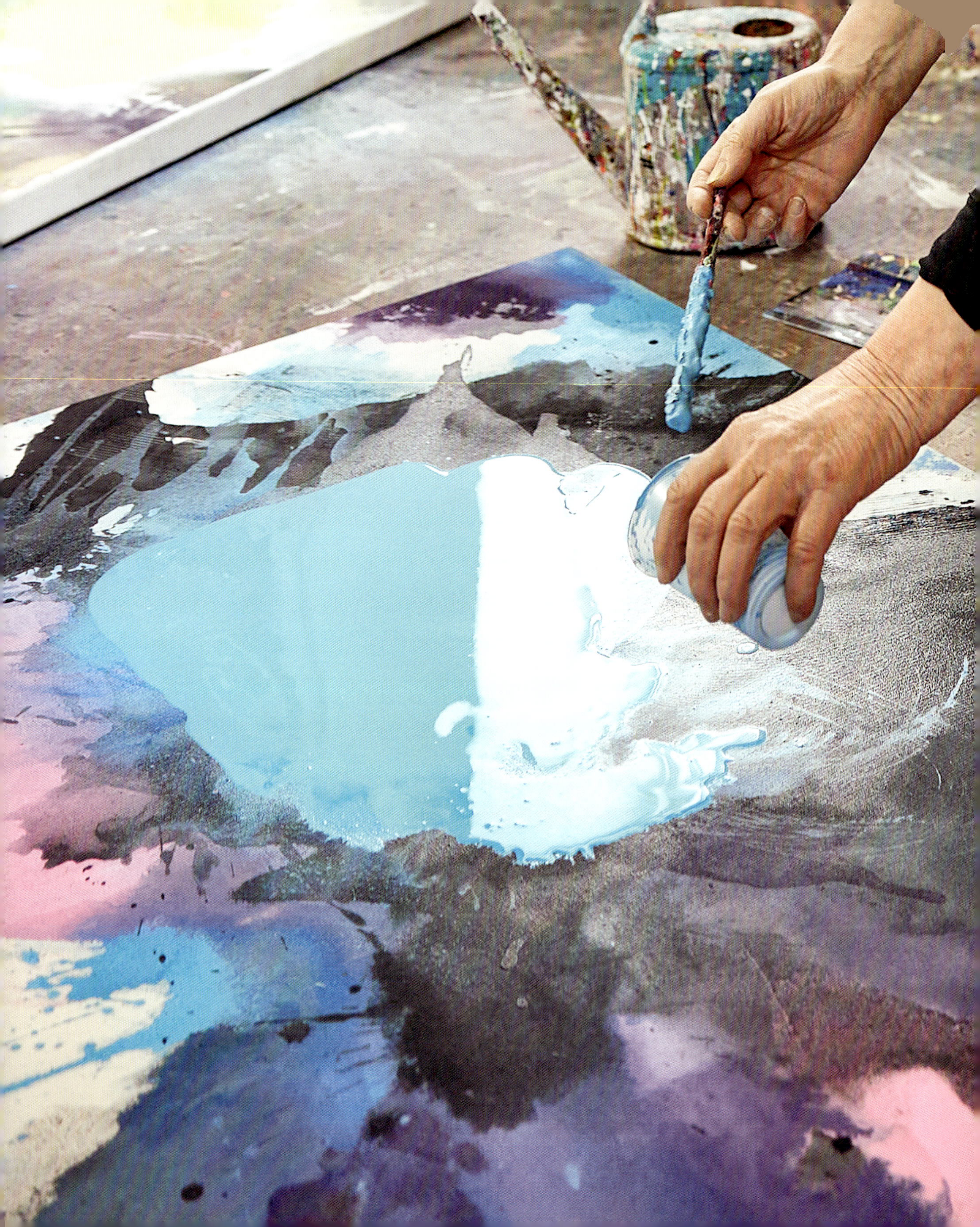

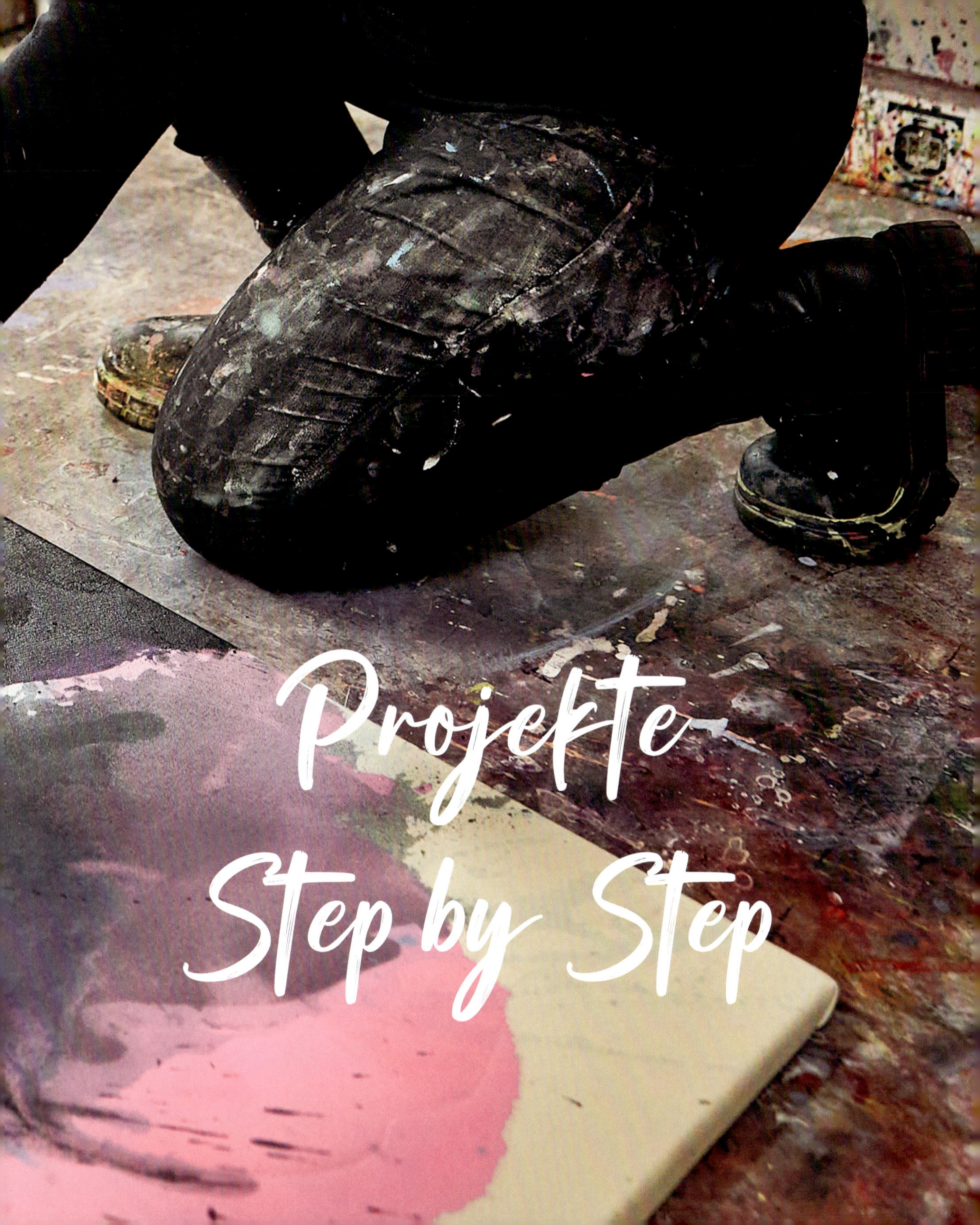

Projekte Step by Step

SPANNUNGSFELDER

Abstrakt arbeiten – bei dieser Malweise ist alles möglich. Ich nehme mir meine Spontanität, arbeite intuitiv, baue Ebenen in Formen mit Farbe auf. Satte Farben, zarte Lasuren und leuchtende Flächen, Schicht für Schicht. Das Loslassen spielt eine besondere Rolle. Ungeplante Spuren von Farbe faszinieren mich, die dann wieder und wieder überarbeitet werden. So entsteht Tiefe im Bild, es fängt an zu leben.

Malgrund

Leinwand: 30 x 60 cm

Material

Flachspachtel
kleiner Becher
Wasser
Rührpinsel
Papiertuch
Flachpinsel

Farbe

AQUARYLIC -FARBEN

Reintürkis
Magmarot
Schwarz
Weiß

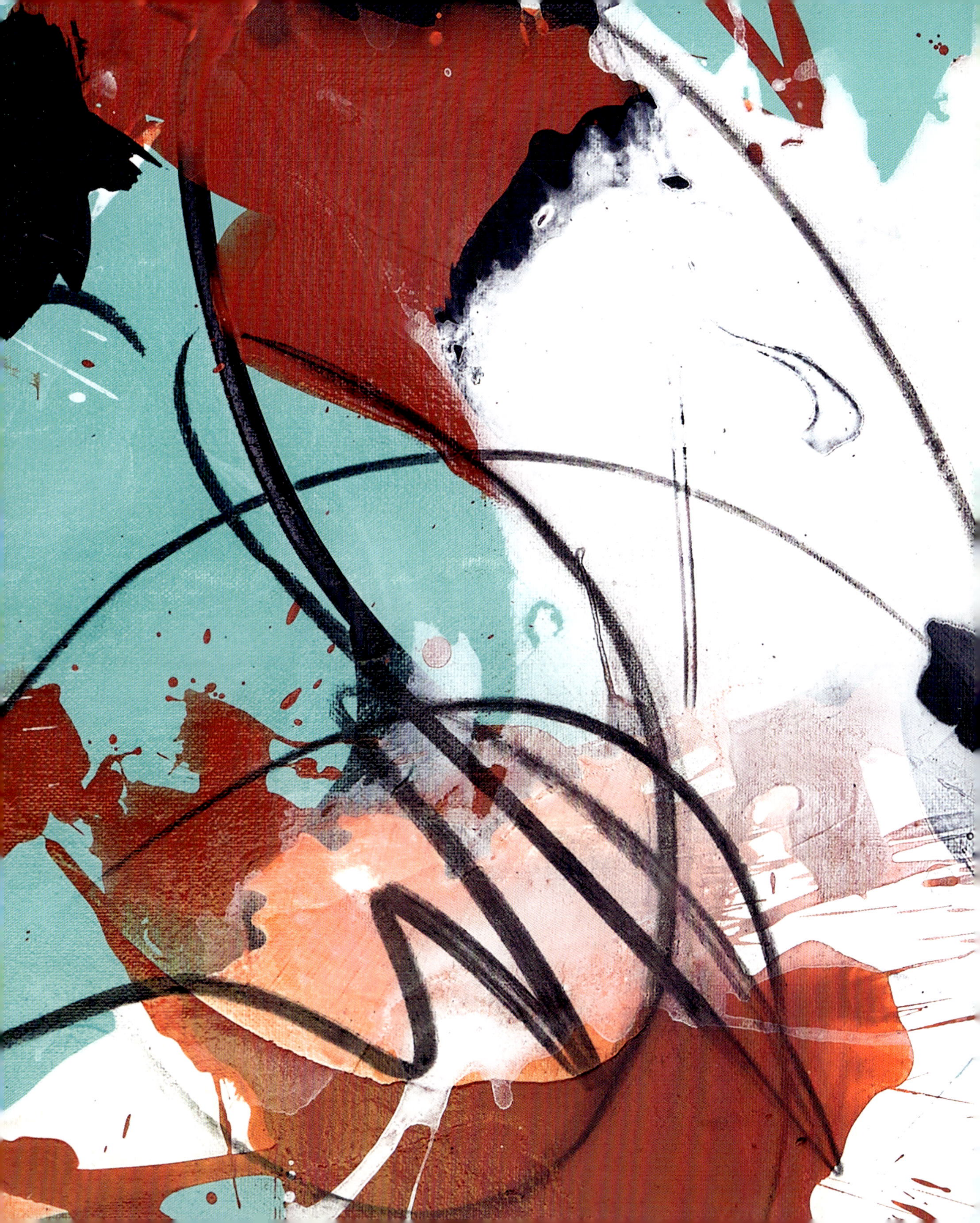

Los geht's

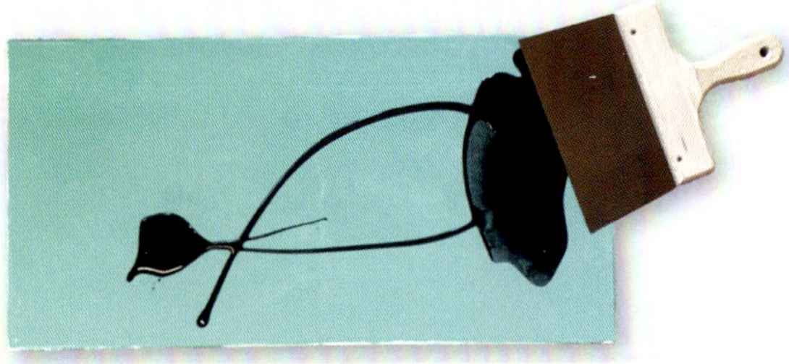

1 Grundiere die Leinwand mit unverdünnter Farbe in Reintürkis mit einem Flachspachtel oder einem größeren Flachpinsel. Ein einmaliger Auftrag reicht aus, auch wenn die Farbe nicht ganz gleichmäßig erscheint. Dann gut trocknen lassen.

2 Rühre etwas schwarze Farbe in einem Trinkbecher mit etwas Wasser gut auf. Die Konsistenz soll leicht cremig sein. Lass an zwei Stellen die Farbe vom Becher aus auf die Leinwand laufen. Greife dann den Malspachtel mit der ganzen Hand und ziehe ihn mit leichtem Druck durch die schwarze Farbe.

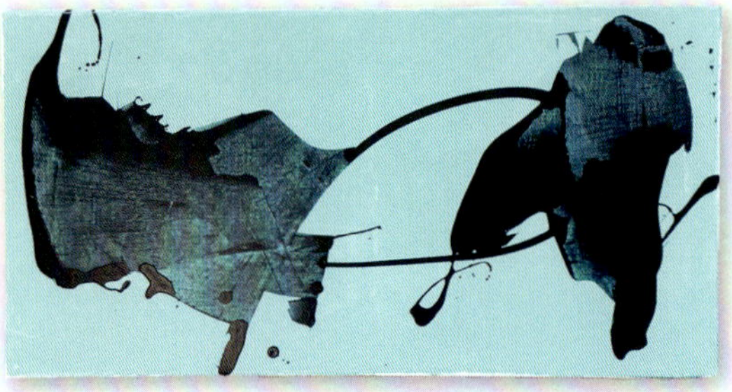

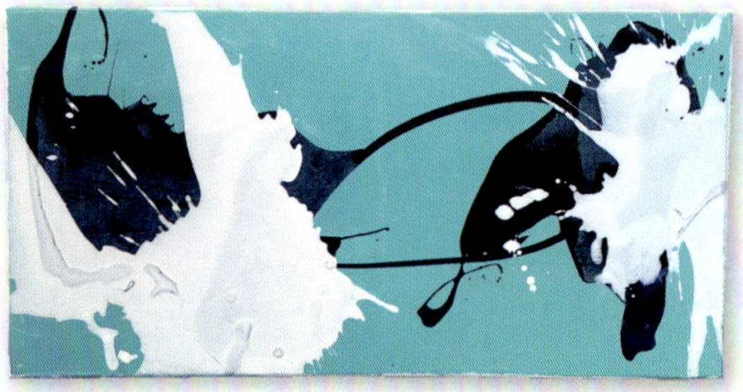

3 Bevor du zum zweiten Ansatz kommst, säubere den Spachtel mit einem Papiertuch oder Ähnlichem. Du kannst beim Arbeiten mit dem Spachtel viele schöne Akzente setzen oder aber auch mit deiner Bewegung unendlich viele schöne ungewollte Formen kreieren und Spritzer erzeugen.

4 Verdünne das Weiß mit Wasser, sodass die Farbe noch deckend ist. Teile die Farbe mit einem zweiten Becher zur Hälfte auf. Schütte die Farbe des ersten Bechers teilweise auf die erste schwarze Stelle und arbeite mit einem Papiertuch, bis es dir gefällt. Wiederhole das Ganze an der zweiten Stelle.

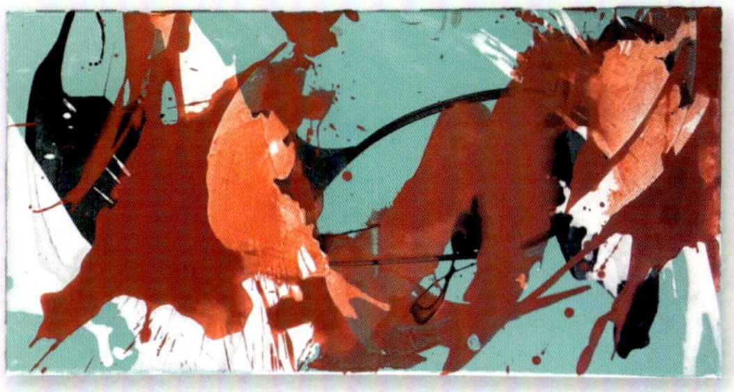

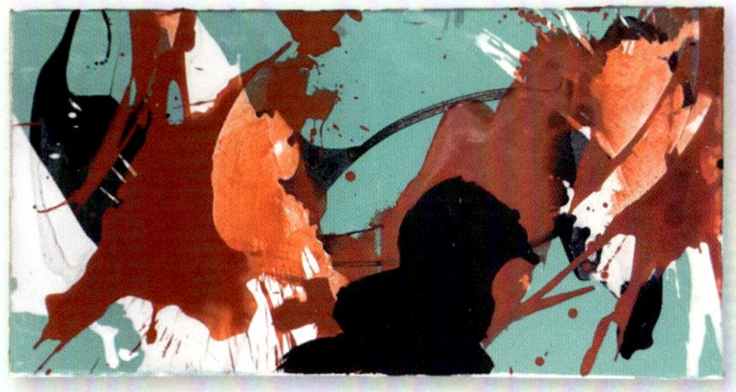

5 Mische nach dem Trocknen das Magmarot mit Wasser zu einer leicht cremigen Konsistenz. Teile die Farbe in zwei Becher auf und schütte diese nacheinander auf die Leinwand. Im Becher sollten ca. 3–4 cm Farbe sein. Ziehe den Flachspachtel an zwei bis drei Stellen durch die Farbe. Arbeite spontan!

6 Schau dir dein bisheriges Ergebnis an. An einer oder mehreren Stellen kann dein Bild schwarze Flächen benötigen, um es zu beruhigen. Nimm deinen Flachpinsel und kreiere schwarze Stellen am Bildrand. Diese Stellen sollen aber nicht zu groß sein. Trocknen lassen.

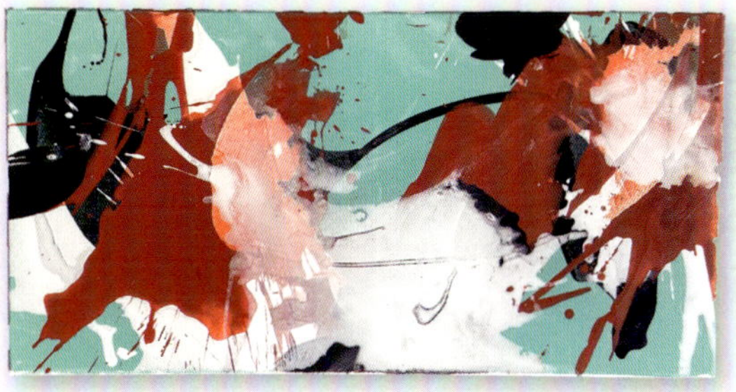

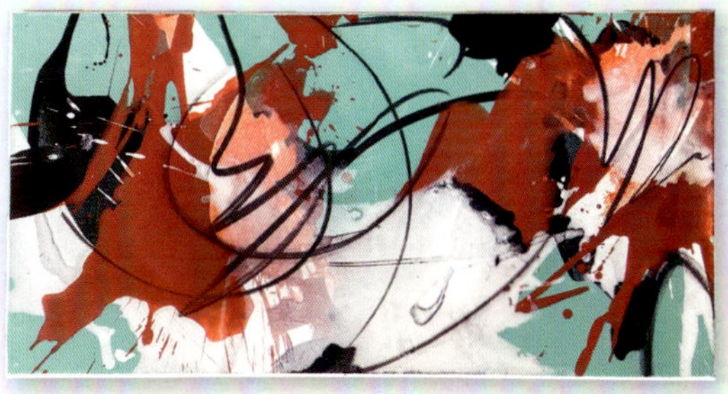

7 Mische nochmals Weiß mit Wasser an. Für diese letzte Schüttung sollte diese Farbe lasierend und nicht deckend sein. Schütte die weiße Farbe an zwei bis drei Stellen deiner Wahl auf dein Bild.

8 Wenn du zu viel Farbe auf deiner Leinwand hast, wische einige Stellen mit einem Papiertuch ab. Lass dein Ergebnis auf dich wirken. Um mehr Struktur zu erzeugen, kannst du mit dem Rührpinsel schwarze Linien auftragen.

INTENSIVE AUSEINANDERSETZUNG

Eine Form im Bild. Abstrakte Künstler nennen es freie Formen. Dieser Begriff bezieht sich auf einen expressiven und variablen Malprozess. Mir gibt dieser ein Gefühl von Freiheit. Bei jedem neu angefangenen Bild setzt sich ein neues Abenteuer fort. Neue Farben, neue Formen, neue Zufälle entstehen. Die künstlerische Fähigkeit entwickelt sich weiter. Es gibt kein Richtig oder Falsch, nur verschiedene Sichtweisen.

Malgrund

Leinwand 40 x 60 cm

Material

Flachspachtel
Spachtelmasse
Rührpinsel
Flachpinsel
Japanspachtel
kleine Becher
Sprühflasche
Wasser

Farbe

ACRYLFARBEN

Gelb
Reinrot
Schwarz
Weiß

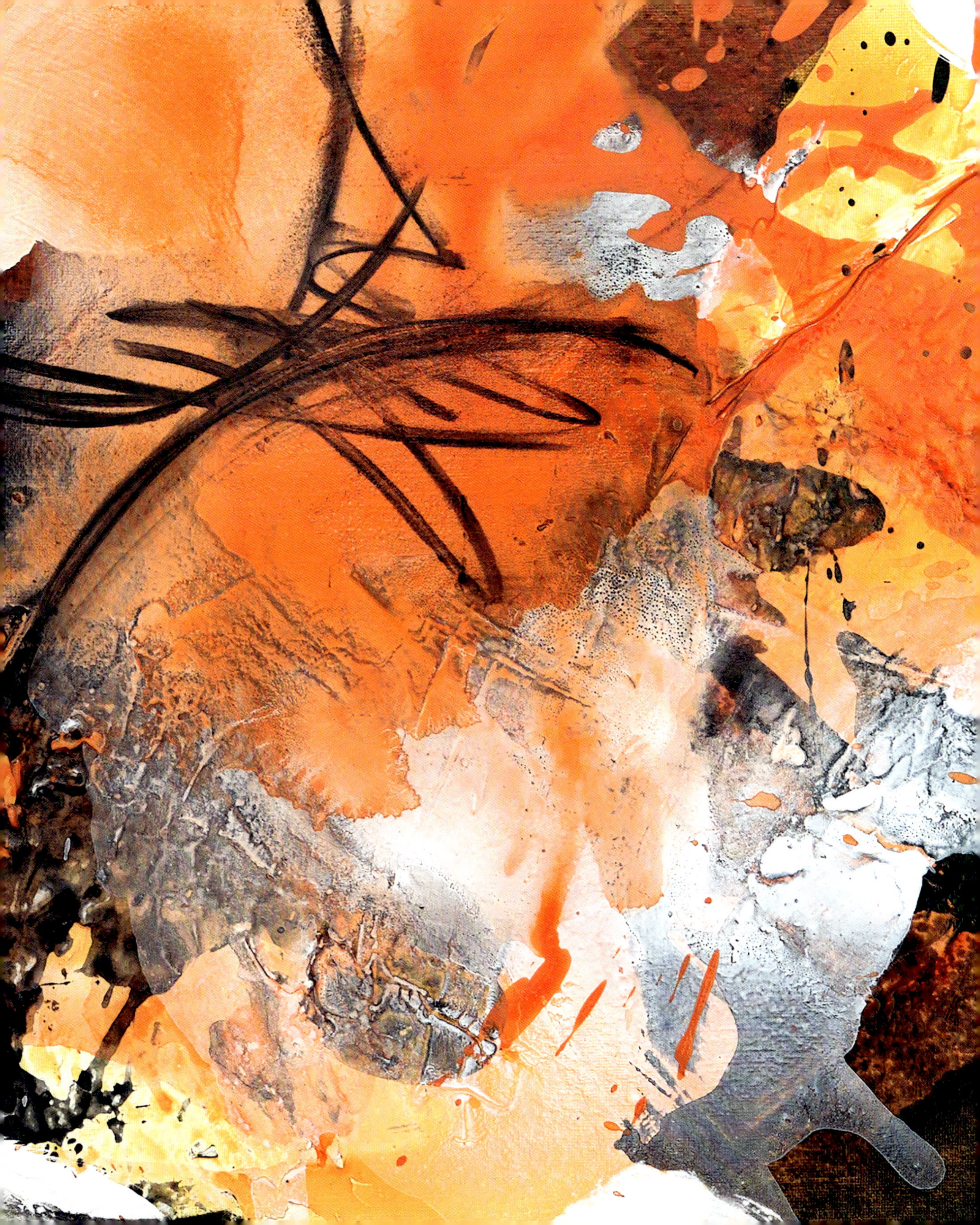

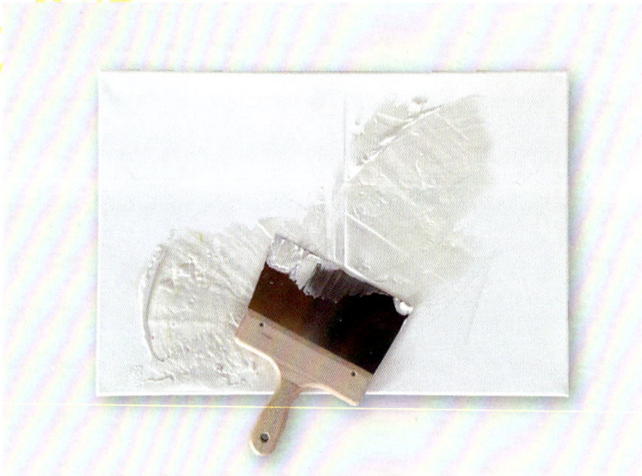

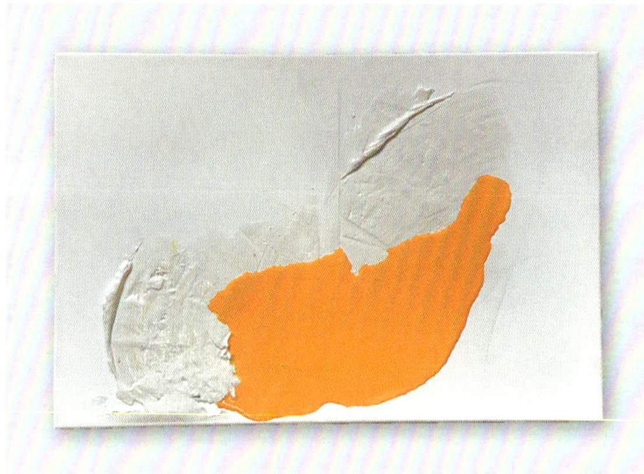

1 Die gebrauchsfertige Spachtelmasse auf die Leinwand setzen. Mit dem Flachspachtel und mittlerem Druck die Masse in eine Richtung ziehen, um Akzente zu setzen. Den Vorgang in eine andere Richtung wiederholen. Die Spachtelmasse nicht zu dünn und nicht auf die komplette Leinwand kratzen.

2 Auf die noch feuchte Spachtelmasse kannst du jetzt deine erste Farbschicht kreieren. Dazu benötigst du gut verdünnte Farbe in Gelb. Nimm den Becher und schütte an mehreren Stellen die Farbe auf die Leinwand. Nimm die Leinwand und lass die Farbe in unterschiedliche Richtungen laufen.

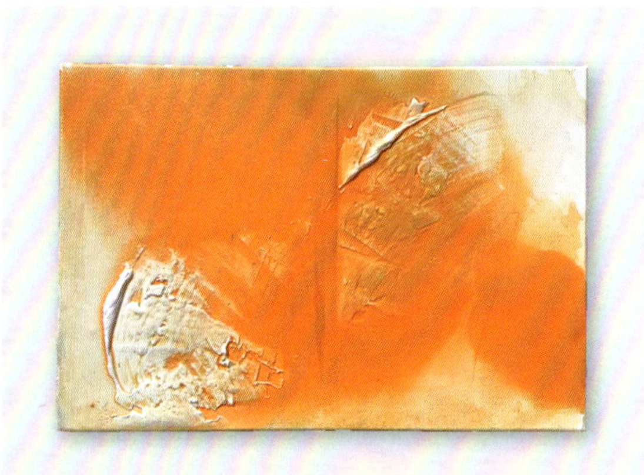

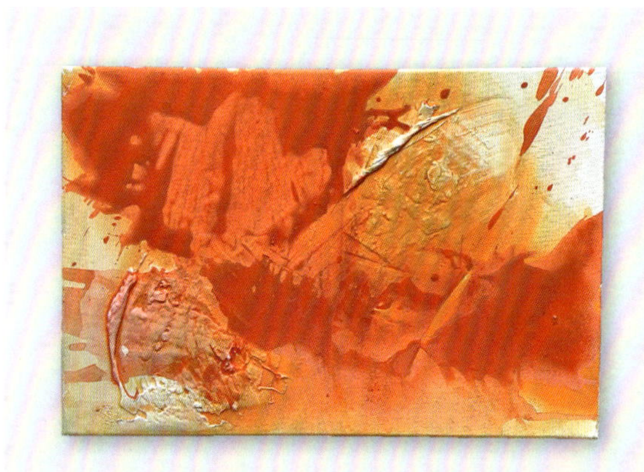

3 Du kannst jetzt mit der Sprühflasche die Farbe anfeuchten und die Leinwand hin und her bewegen, bis das gewünschte Ergebnis eintritt. Trocknen lassen.

4 Jetzt nimmst du die rote Farbe und schüttest diese an mehreren Stellen auf die Leinwand. Eine Unordnung soll entstehen, die wiederum zu einem späteren Zeitpunkt beruhigt wird.

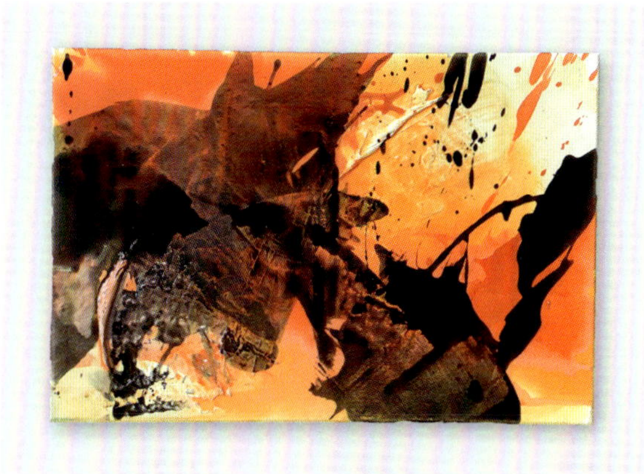

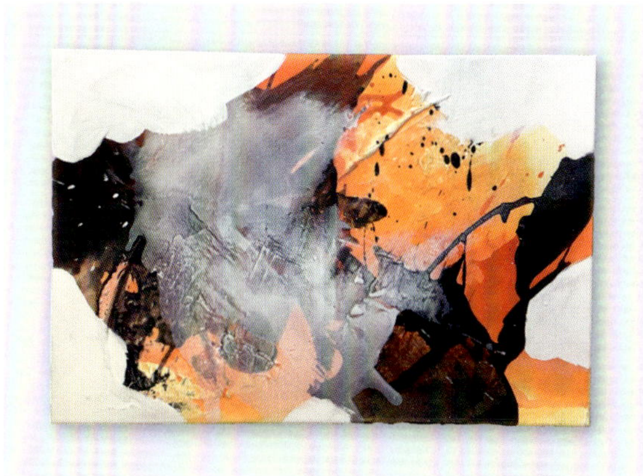

5 Nach dem Trocknen lässt du an zwei Stellen schwarze Farbe aus dem Becher auf die Leinwand laufen. Jetzt verteilst du mit dem Flachspachtel die Farbe mit leichtem Druck. Hebe den Spachtel beim Ziehen öfters nach oben, um Linien, Fäden oder Spritzer zu erzeugen. Lass die Farbe trocknen.

6 Nimm leicht verdünnte weiße Farbe und male mit dem Flachpinsel fünf Elemente ins Bild. Danach machst du mit der lasierenden weißen Farbe eine Schüttung. Der Becher sollte etwa 3 cm voll sein. Nun schüttest du das Weiß auf einmal auf das Bild und bewegst es leicht hin und her. Trocknen lassen.

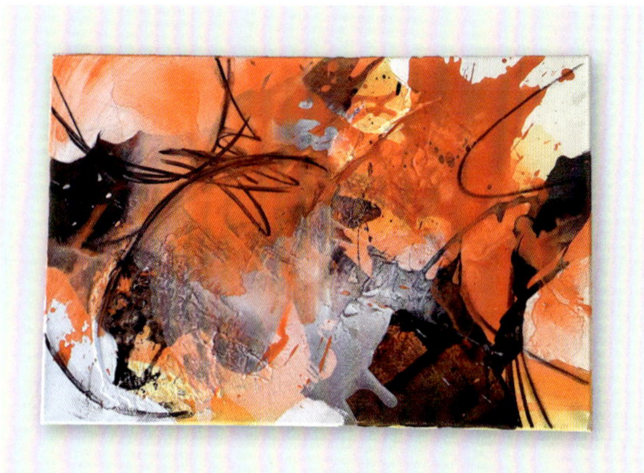

7 Die letzte Schicht ist wieder rot. Wiederhole den Vorgang wie beim ersten Auftrag. Wenn das Bild trocken ist, stelle es auf eine Staffelei oder hänge es an die Wand, um es in aller Ruhe betrachten zu können. So kannst du sehen, wie dein Bild auf dich wirkt. Nacharbeiten geht immer.

TIPP

Ziehe beispielsweise mit dem Kohlestift oder einem kleinen Pinsel schwarze Linien, die die Struktur betonen.

EXPERIMENTIERFREUDE

Offenheit und Mut zum Experimentieren braucht es bei jedem neuen Bild. Schicht für Schicht entsteht aus einem wilden Chaos ein lebendiges Bild. Immer auf der Suche nach neuen Zufällen, begleitet mich diese Neugier täglich. Beim Experimentieren sind keine Grenzen gesetzt. Nur eines darf ein Bild nicht sein: langweilig.

Malgrund

Leinwand 40 x 60 cm

Material

Flachspachtel
kleine Becher
Wasser
Papiertuch

Farbe

ACRYLFARBEN

- Reintürkis
- Weiß
- Schwarz

AQUARYLIC-FARBEN

- Smaragdgrün
- Gelb
- Palisander
- Tannengrün

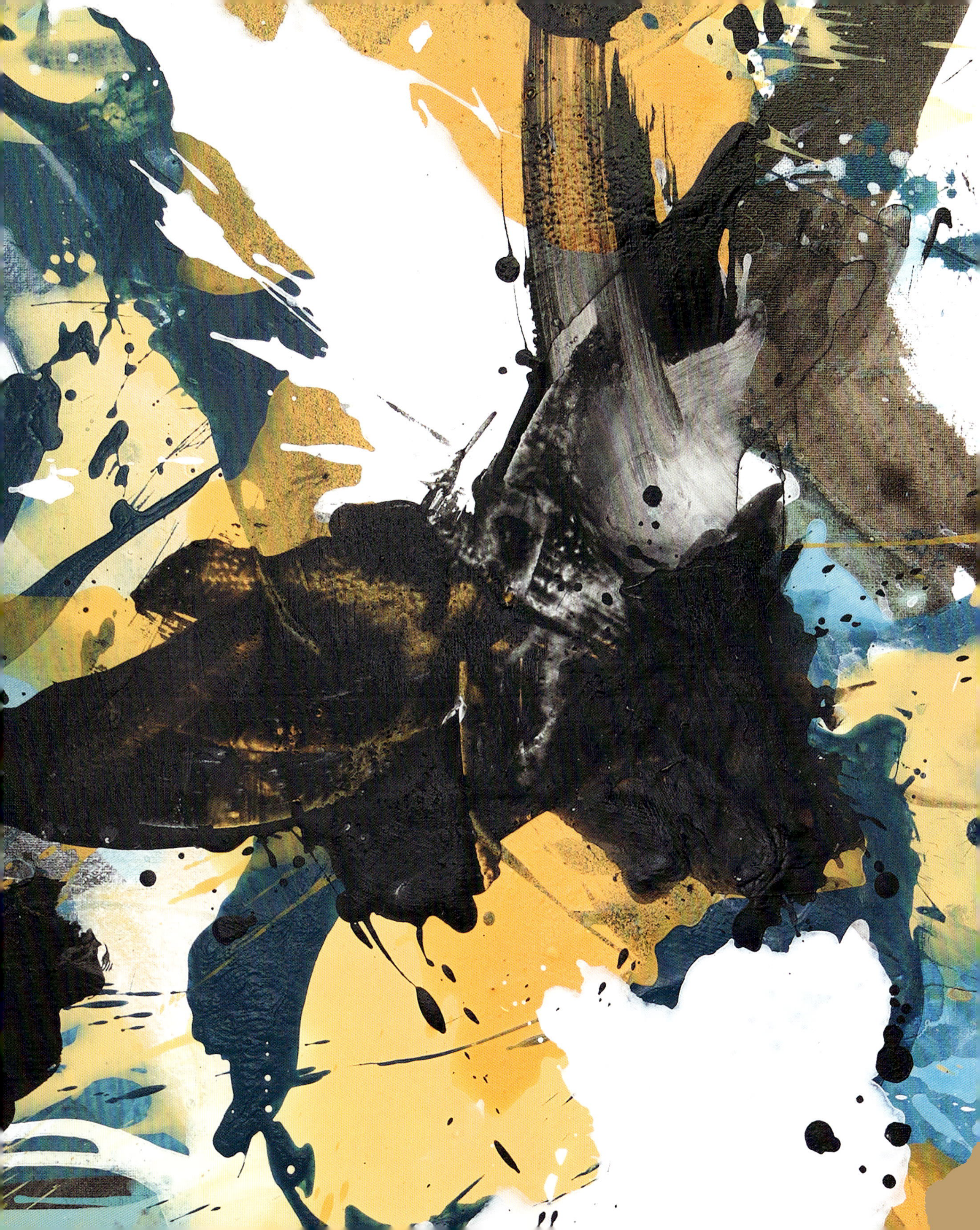

Los geht's

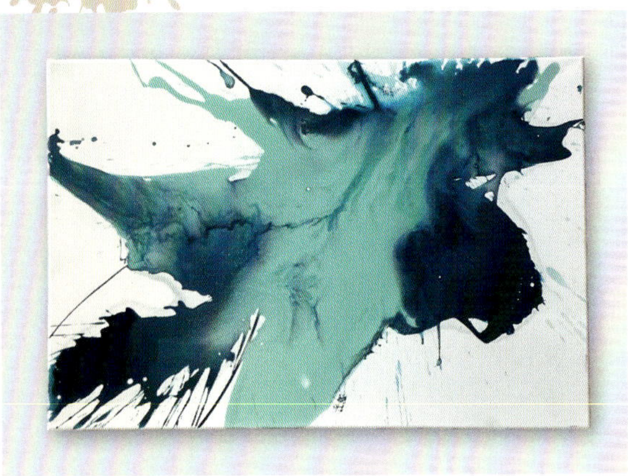

1 Die Farbe Smaragdgrün und das Reintürkis in separaten Bechern mit etwas Wasser verdünnen. Beginne mit Smaragdgrün, das du mit Schwung quer über das Bild schüttest. Das Reintürkis platzierst du neben das Smaragdgrün und ziehst dann mit dem Flachspachtel einmal zügig durch beide Farben.

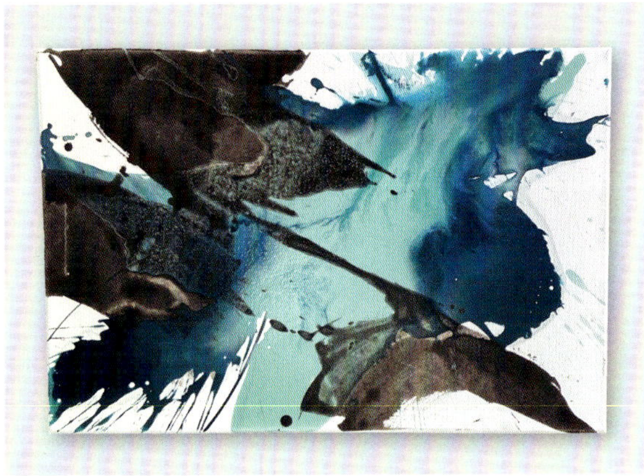

2 Wenn die Farbe aus Schritt 1 getrocknet ist, verdünne das Palisander und trage es an zwei Stellen auf. Verteile die Farbe mit dem Flachspachtel und versuche sie etwas zu werfen, damit Fäden oder Ähnliches entstehen. Lass dann wieder alles gut trocknen, bevor du weiterarbeitest.

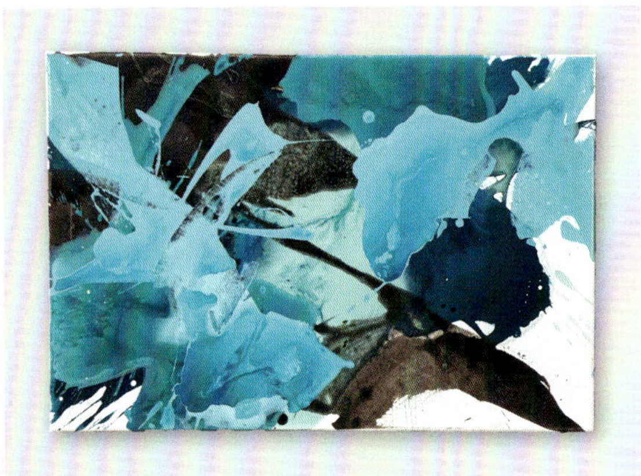

3 Verwende nochmal das Reintürkis, leere an zwei Stellen die Farbe auf das Bild und verteile das Ganze mit dem Flachspachtel. Lasse das Bild trocknen.

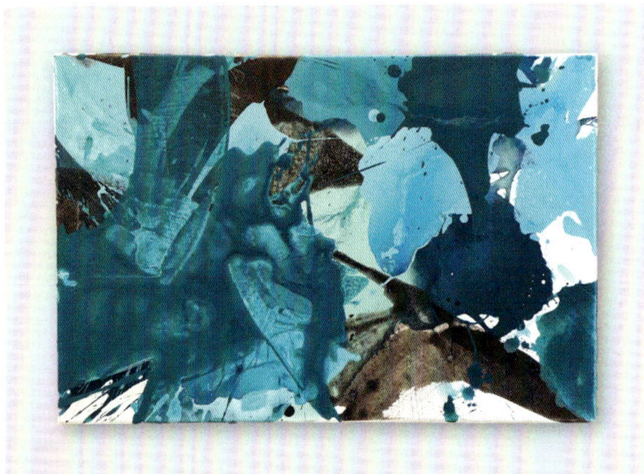

4 Nach dem Trocknen wiederholst du das mit einem dunkleren Reintürkis und lässt es wieder trocknen.

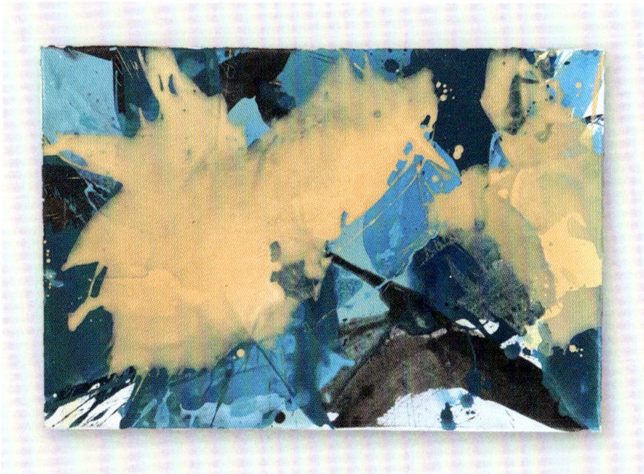

5 Danach wird das gut verdünnte Gelb an zwei Stellen aus dem Becher geschüttet, ohne mit dem Spachtel nachzuarbeiten.

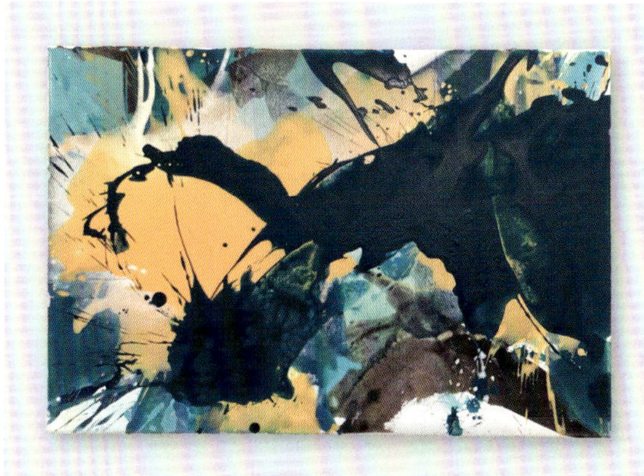

6 Wenn alles trocken ist, gestaltest du mit Tannengrün und dem Spachtel an der rechten Seite ein flächiges Element. Trocknen lassen.

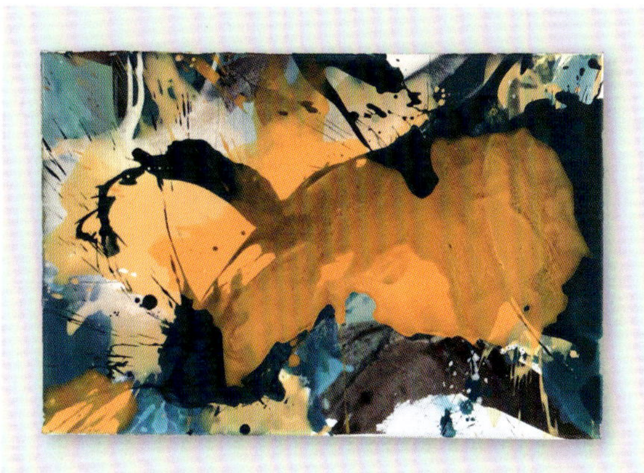

7 Als nächsten Schritt lässt du das verdünnte Gelb über diese Stelle laufen. Trocknen lassen.

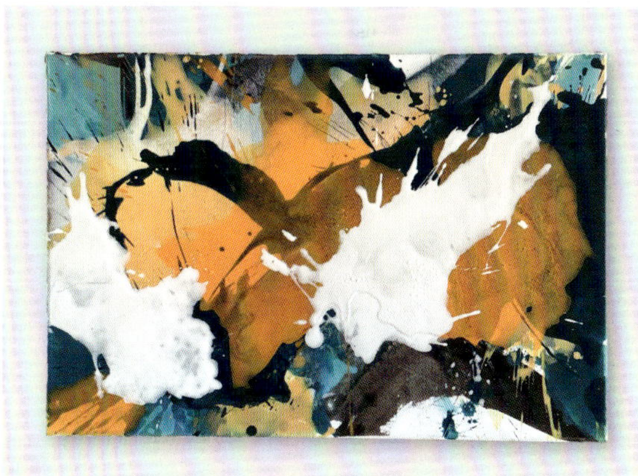

8 Rühre einen halben Becher Weiß an. Es darf nicht zu dick sein und muss sich leicht schütten lassen. Gib in einen zweiten Becher nur so viel von der Farbe hinein, wie du zum Schütten benötigst. Schütte das Weiß auf die Leinwand. Zu viel Farbe auf dem Bild nimmst du mit einem Papiertuch ab.

Leuchtkraft

EXPRESSIVE FORMEN

Unabhängig von einem Stil zu einer eigenen Bildsprache: Mit Farben, Technik und einer intuitiven Vorgehensweise gelingt das jedem. Es ist nichts vorgegeben, gearbeitet wird aus dem Inneren heraus. Das Gefühl für Farben, Formen und Struktur bis hin zu einer Komposition entwickelt sich immer weiter. Ich erschaffe etwas Individuelles, das sich vom Gegenständlichen löst. Ausprobieren und Experimentieren!

Malgrund

Leinwand 30 x 60 cm

Material

Flachspachtel
Rührpinsel
Flachpinsel
kleine Rührpinsel
Wasser
kleine Becher
Papiertücher

Farbe

ACRYLFARBEN

Neon-Magenta
Krapprot
Kirschrot
Elfenbein
Permanentgrün
Weiß

AQUARYLIC-FARBEN

Grasgrün
Schwarz

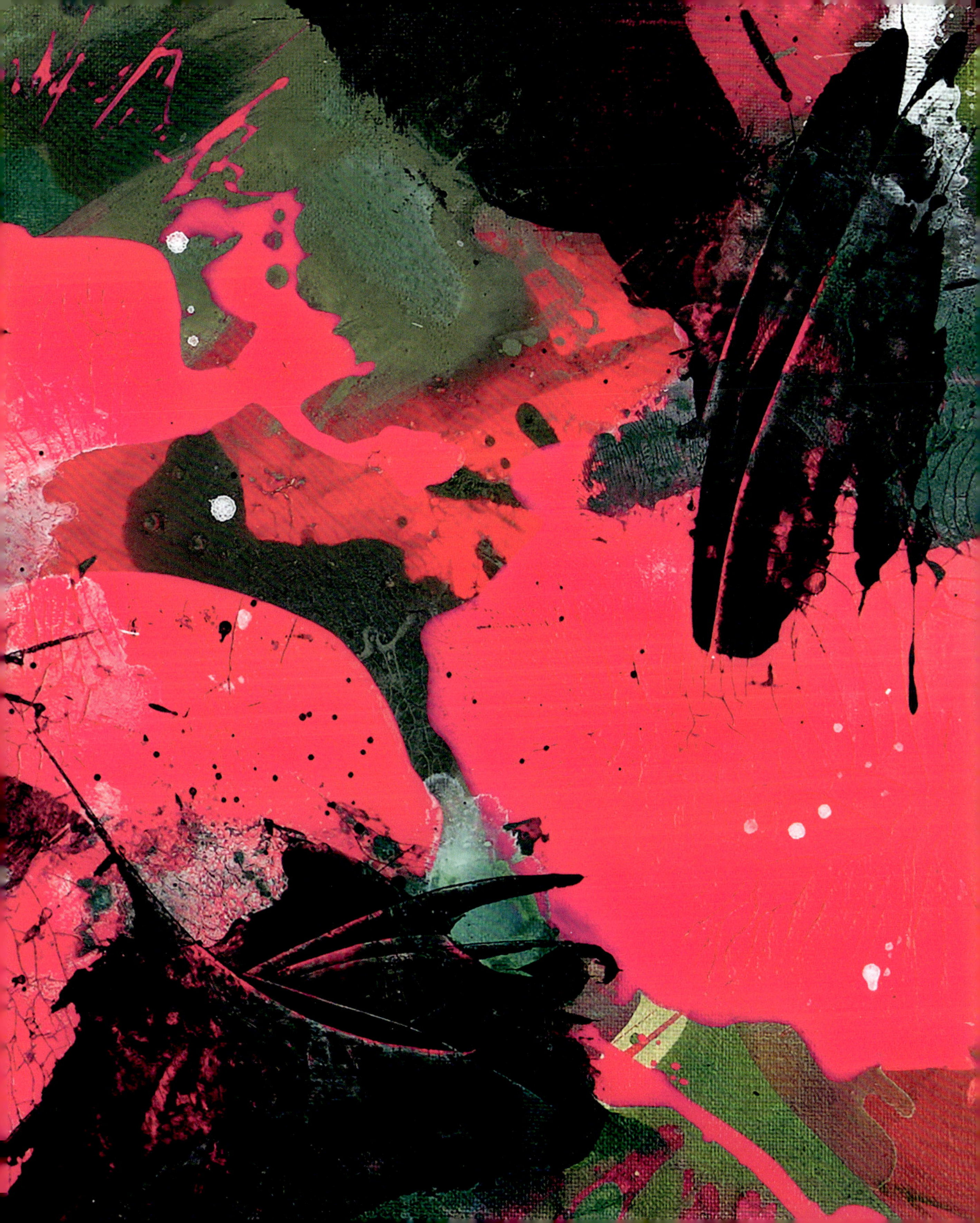

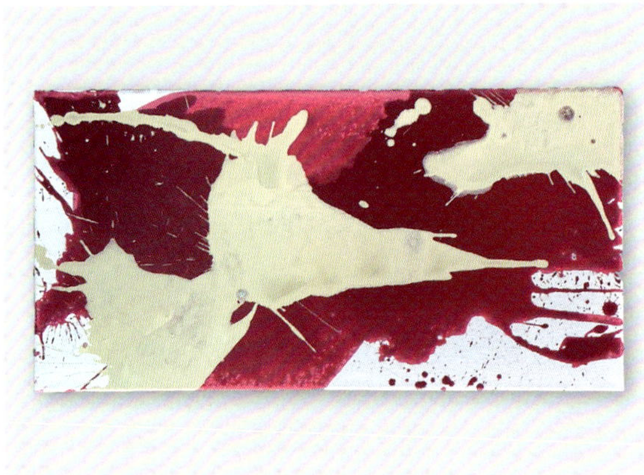

1 Verdünne die Farben Krapprot und Kirschrot mit Wasser in einem kleinen Trinkbecher und schütte diese auf die Leinwand. Dann nimmst du den Flachspachtel und verteilst die Farbe großflächig. Ich bewege die Leinwand auch noch zusätzlich hin und her oder hebe sie an, damit die Farbe etwas weiter läuft.

2 Nachdem alles gut getrocknet ist, nimm die Farbe Elfenbein, verdünne sie und wiederhole den Vorgang. Trocknen lassen.

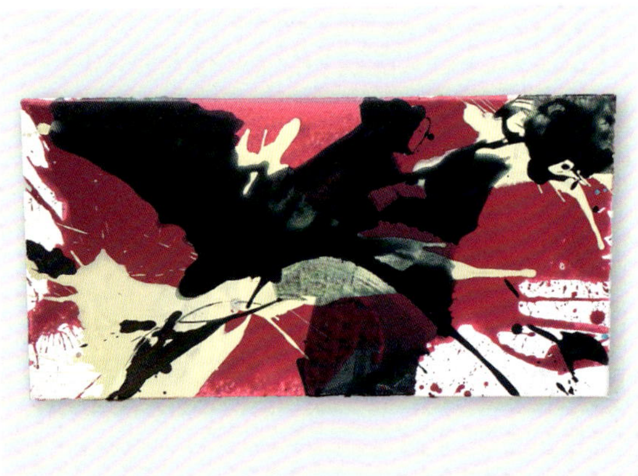

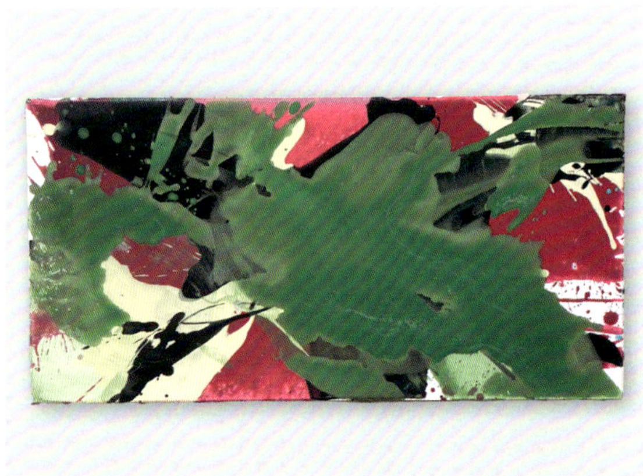

3 Der nächste Schicht wird mit Schwarz gestaltet, damit Tiefe ins Bild kommt. Trocknen lassen.

4 Dasselbe machtst du mit dem Permanentgrün. Gestalte mit dem Permanentgrün eine größere Fläche und ziehe einige Stellen an den Rand des Bildes. Trocknen lassen.

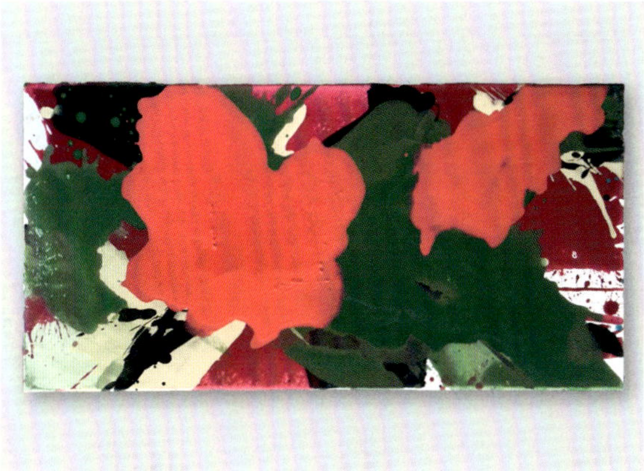

5 Die nächste Farbschicht ist Kirschrot. Lege zwei kreisförmige Lagen auf dein Bild.

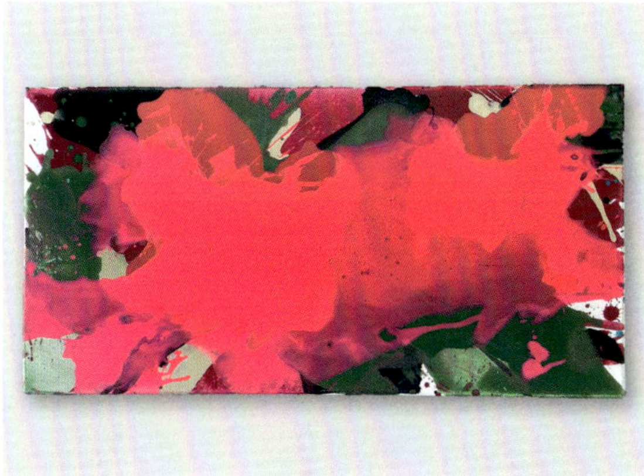

6 Wenn diese Schicht wiederum getrocknet ist, leere ein verdünntes Neon-Magenta großzügig über die Leinwand und versuche dabei Formen zu gestalten. Trocknen lassen.

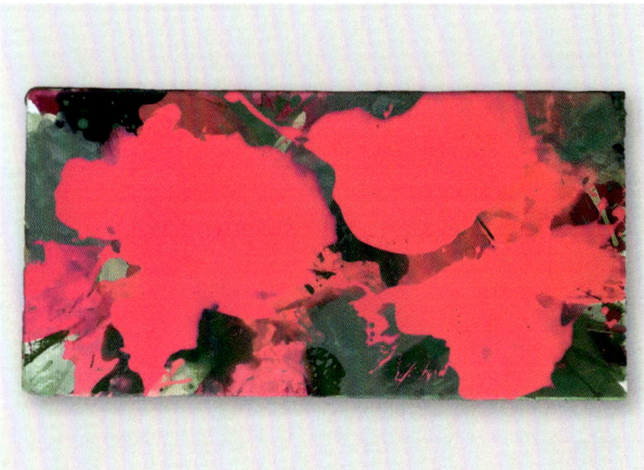

7 Als Nächstes trägst du an einigen Stellen Permanentgrün, Grasgrün und Schwarz auf. Nimm die verdünnte Farbe direkt aus dem Becher, gestalte ein paar kleinere Flächen damit. Du kannst zum Verteilen auch den Flachspachtel zur Hilfe nehmen und mit seiner Kante Struktur im Schwarz erzeugen (Bild 8).

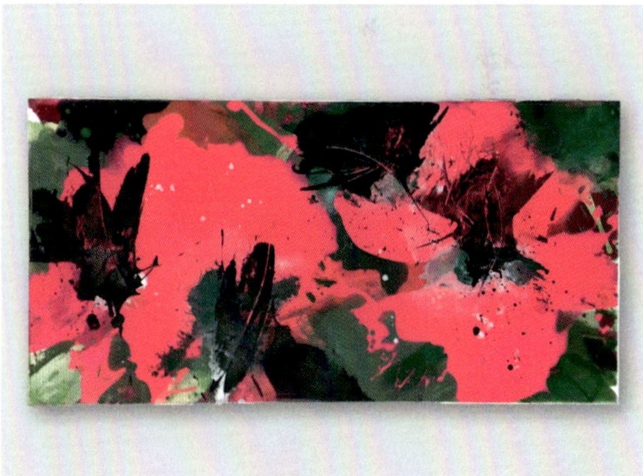

8 Nach dem Trocknen: Verdünne die weiße Farbe mit sehr viel Wasser und rühre sie auf, bis sie lasierend ist. Lass das Weiß aus dem Becher auf die Leinwand laufen und bewege diese hin und her. Danach nimmst du Papiertücher und nimmst die meiste Farbe wieder auf.

VOM WEIß REFLEKTIERT

Arbeiten mit Strukturen ist spannend. Höhen und Tiefen entstehen. Mit wenig Farbaufbau erscheint ein kraftvolles Kunstwerk. Inspiriert von den erdigen Farben der Natur ergibt sich eine Form der inneren Ruhe. Die Steigerung der Leuchtkraft wird mit Weiß inszeniert. Mit unterschiedlichen Materialien zu experimentieren, schafft die Freiheit, auf Spurensuche zu gehen und sich auf die Leidenschaft einzulassen.

Malgrund

Leinwand 40 x 60 cm

Material

Eisenspäne
von Aquarylic
Oxidationsmittel
von Aquarylic
kleines Sieb
kleine Becher
Sprühflasche
Papiertuch

Farbe

ACRYLFARBEN

Palisander
Schwarz
Weiß

VORBEREITUNGEN

Das Oxidationsmittel in einer Sprühflasche ansetzen. Fülle 1/4 vom Oxidationsmittel in die Sprühflasche und gieße den Rest mit Wasser auf. Schütteln.

Los geht's

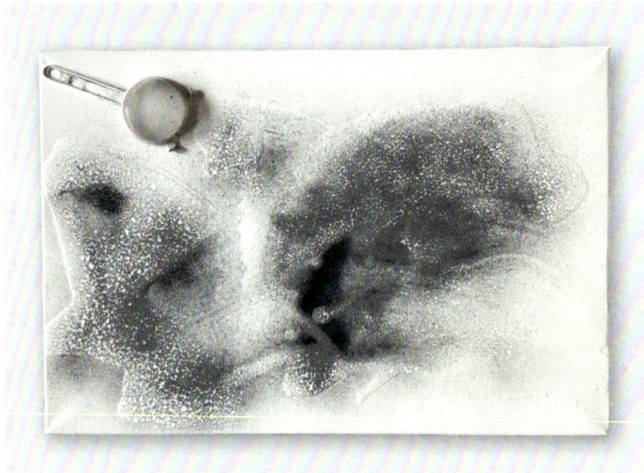

1 Verdünne die weiße Farbe mit etwas Wasser. Die Konsistenz sollte eher dick sein. Dann gib das ganze Weiß auf die Leinwand und verteile es großzügig mit dem Flachspachtel. Erhöhungen dabei auch stehen lassen, sodass man eine Struktur erkennen dann.

2 Anschließend gibst du die Eisenspäne in ein kleines Sieb und bedeckst damit einige große Flächen nach Gefühl. Trage reichlich Späne auf.

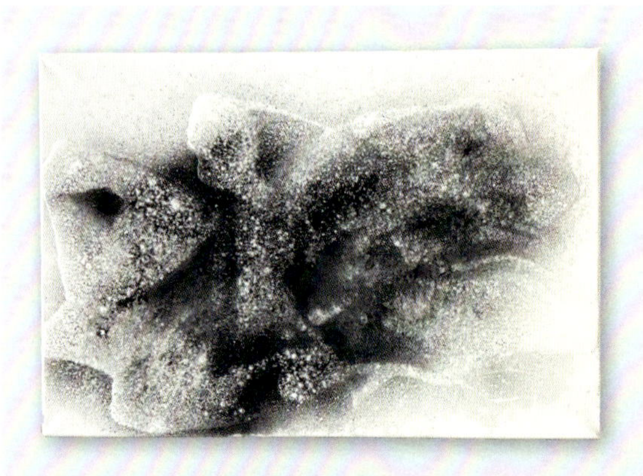

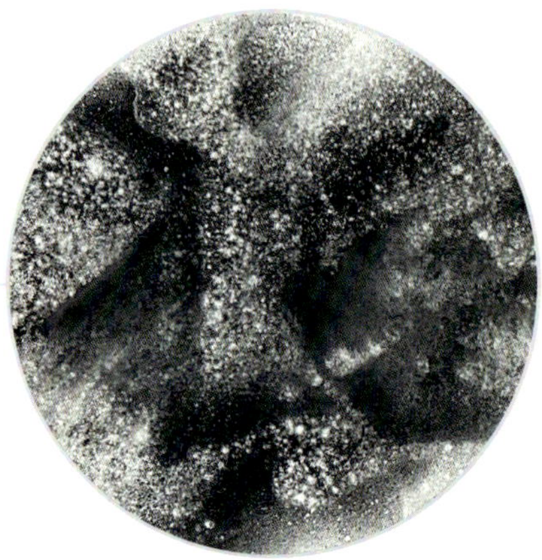

3 Nimm die Sprühflasche mit dem Oxidationsmittel und sprühe die Flächen gut ein. Am nächsten Tag kann das Bild dann weiter bearbeitet werden.

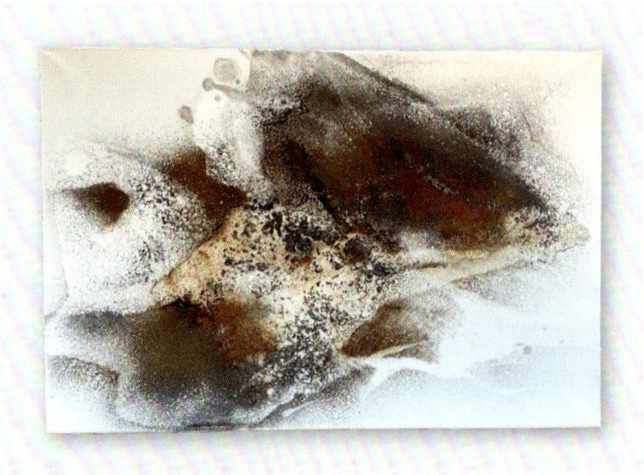

4 Beim nächsten Schritt wird Palisander aufgetragen und anschließend mit ganz wenig Wasser verdünnt und an einigen Stellen auf die Leinwand geschüttet.

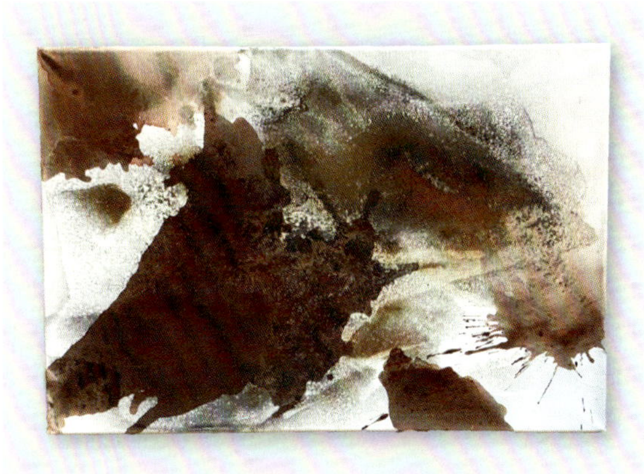

5 Denselben Arbeitsgang kannst du anschließend gleich mit dem Schwarz machen, ohne dass das Palisander getrocknet ist. Sollten die Farben ineinanderlaufen, macht das nichts. Lege ein Stück Papiertuch auf diese Stellen, damit sich die Farbe etwas beruhigt. Dann trocknen lassen.

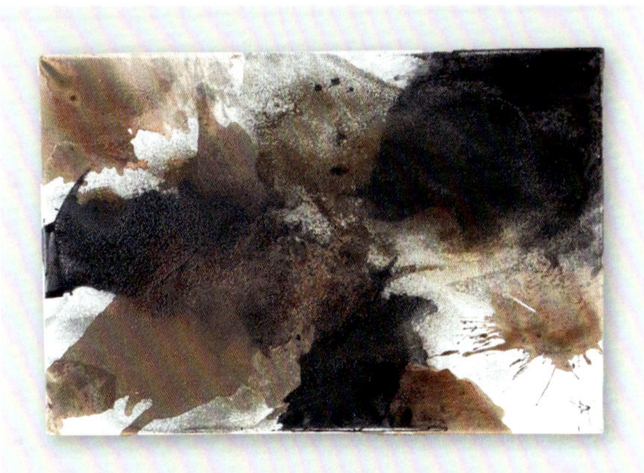

6 Gib wenig weiße Farbe in den Becher und rühre diese mit wenig Wasser auf. Wenn die Farbe gut verrührt ist, nimm noch mehr Wasser und verdünne die Farbe nochmals.

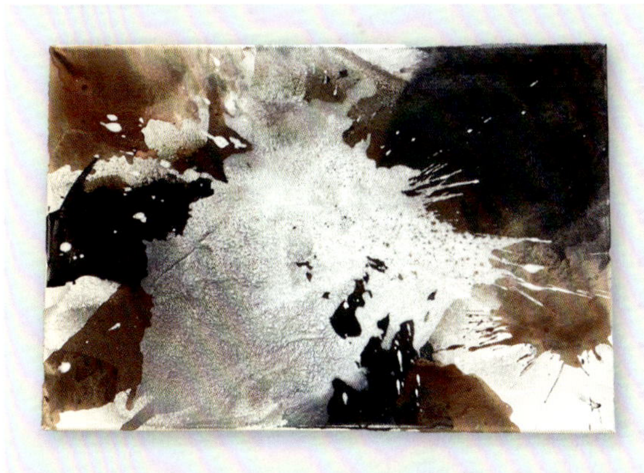

7 Für eine Schüttung auf einem kleineren Format reicht es, wenn der Becher zu 1/4 gefüllt ist. Jetzt schüttest du deine weiße Farbe auf das Bild. Zu viele Spritzer oder ungewollte Stellen kannst du dann mit einem Papiertuch ohne Probleme gleich entfernen.

FLORALE VORSTELLUNG

Am Anfang steht die leere Leinwand. Ich arbeite immer ohne Vorstellung darüber, wie mein Werk am Ende aussehen wird. Mit jeder neuen Schicht entstehen neue Formen im Bild. Bei manchen Werken bilden sich florale Ansätze, die ich dann mit meiner Vorstellung sehe und diesen Zufall dann auch weiterhin im Prozess begleite. Ab einem gewissen Punkt entwickelt sich jedes Bild zu einer Eigendynamik.

Malgrund

Leinwand 70 x 50 cm

Material

Flachspachtel
Flachpinsel
kleine Becher
Rührstäbe
Papiertuch
Wasser

Farbe

ACRYLFARBEN

Schwarz
Neonpink
Grün
Weiß
Rot
Karminrot
Neonrot

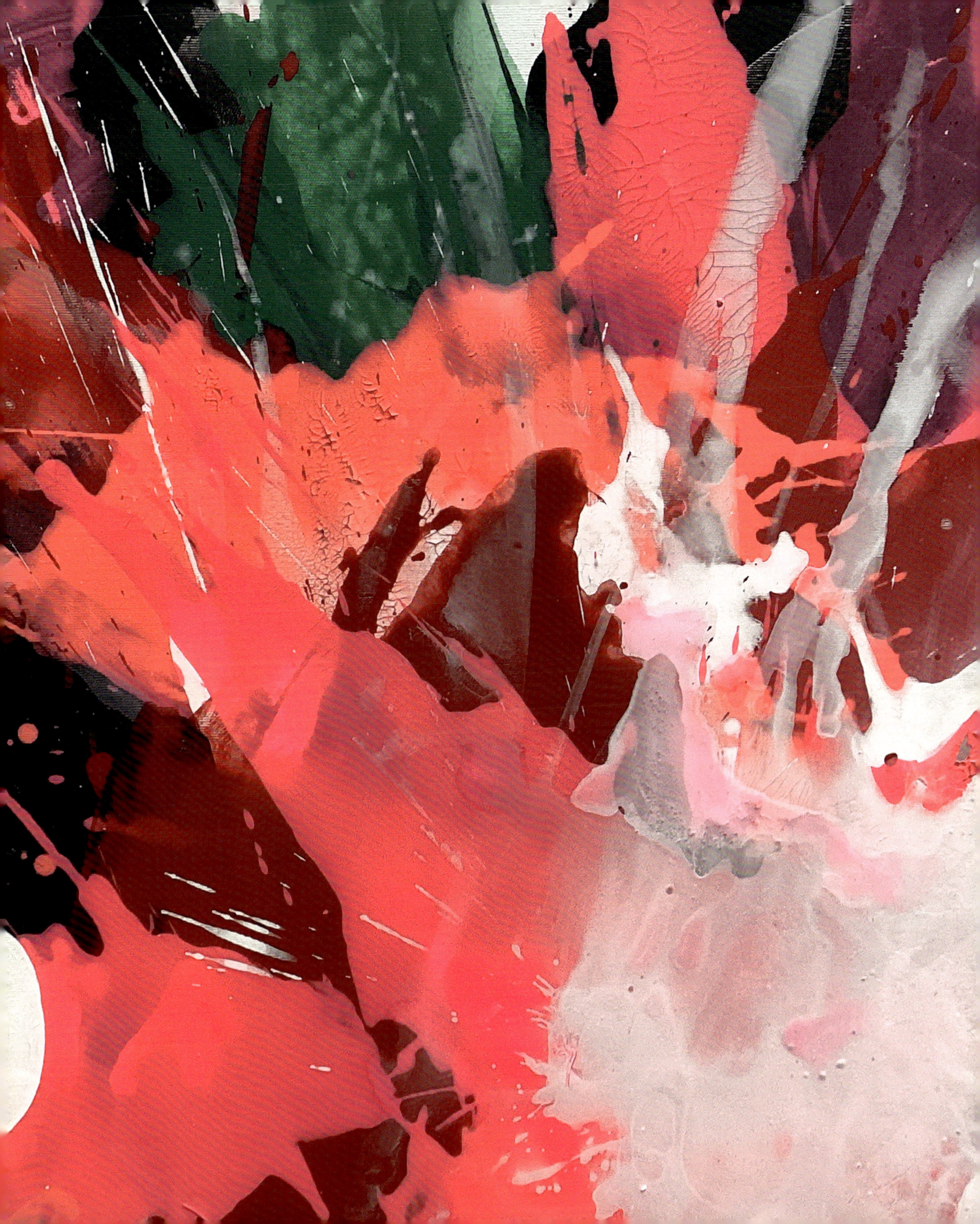

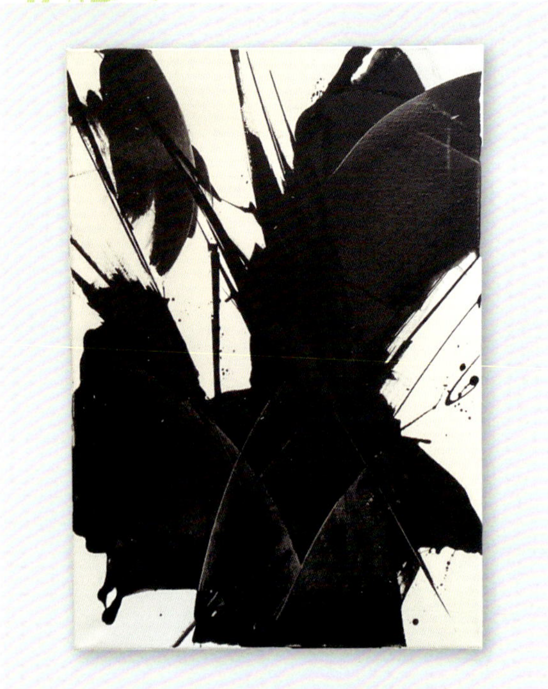

1 Zuerst verdünne das Schwarz mit wenig Wasser zu einer cremigen, aber noch festen Konsistenz und rühre gut durch. Gib das Schwarz an zwei Stellen auf die Leinwand. Jetzt nimmst du dir deinen Flachspachtel zur Hand und verteilst das Schwarz auf der Leinwand. Halte den Spachtel etwas geneigt zur Leinwand und kreiere spontan und frei mit der Farbe die erste Schicht auf deinem Bild. Danach muss es erst mal trocknen.

2 Über das Schwarz kommt als Nächstes eine Farbschicht mit Neonpink. Dabei gehst du genauso vor wie am Anfang.

3 Nach diesem Arbeitsgang kannst du gleich die Farbe Grün auftragen. Leere das gut verdünnte Grün an zwei Stellen und verteile es mit dem Spachtel. Trocknen lassen.

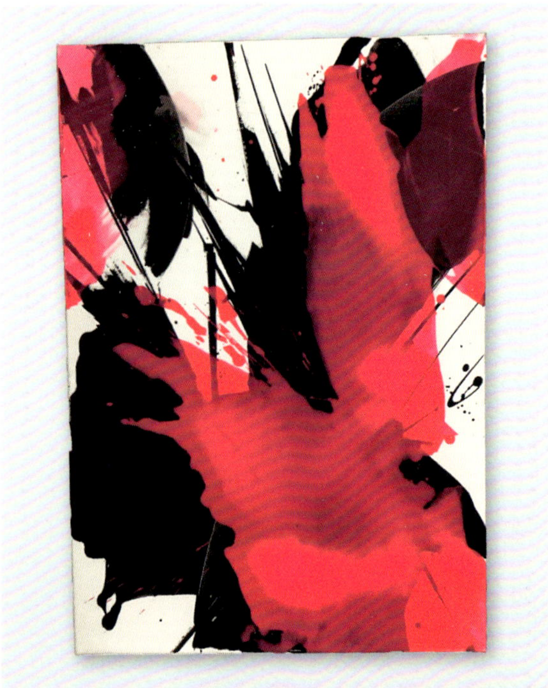

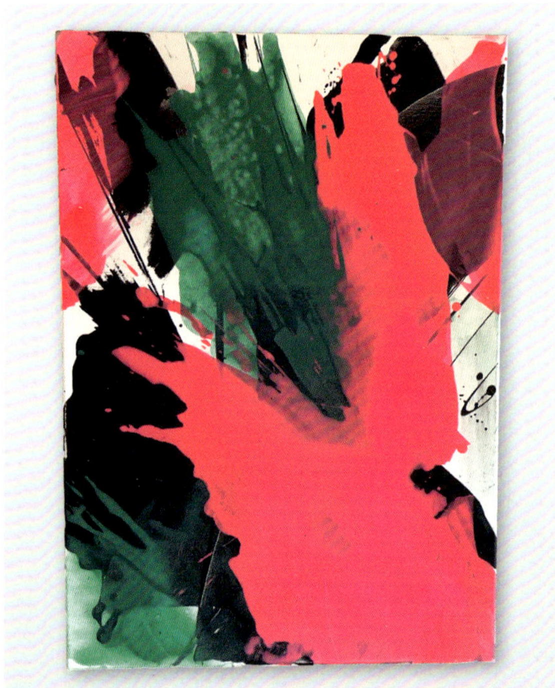

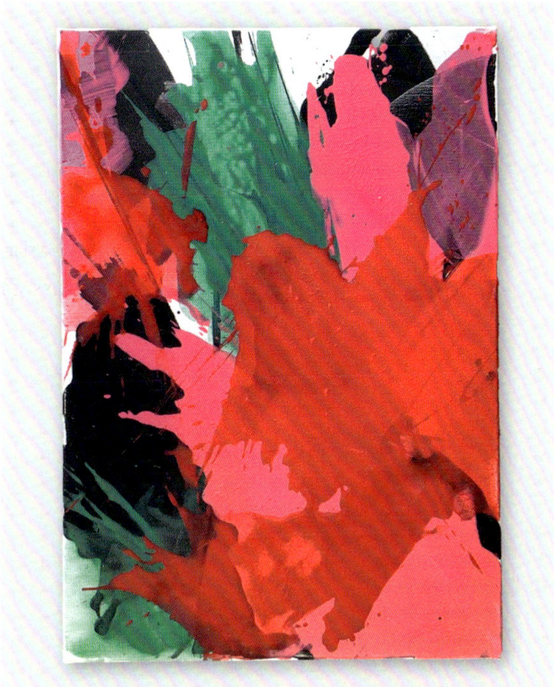

4 Rot wird der nächste Auftrag sein. Gib das Rot auf die Fläche mit dem Neonpink und verteile es mit dem Flachspachtel. Trocknen lassen.

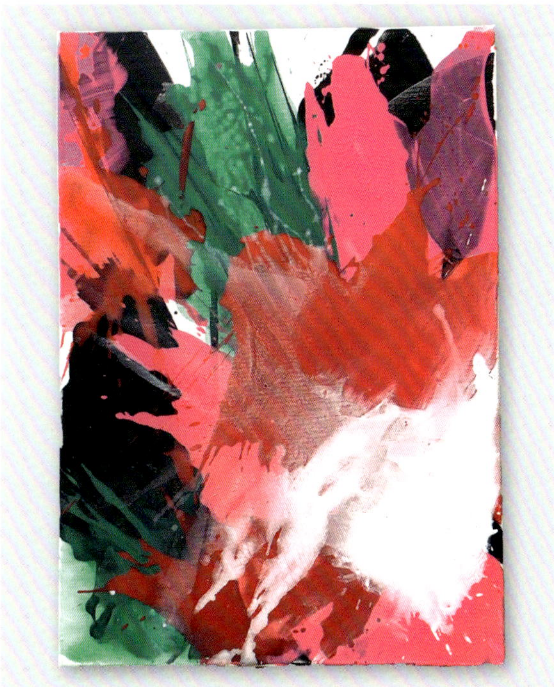

5 Nimm ein lasierendes Weiß und schütte es auf die rechte untere Seite. Warte, bis das Weiß getrocknet ist.

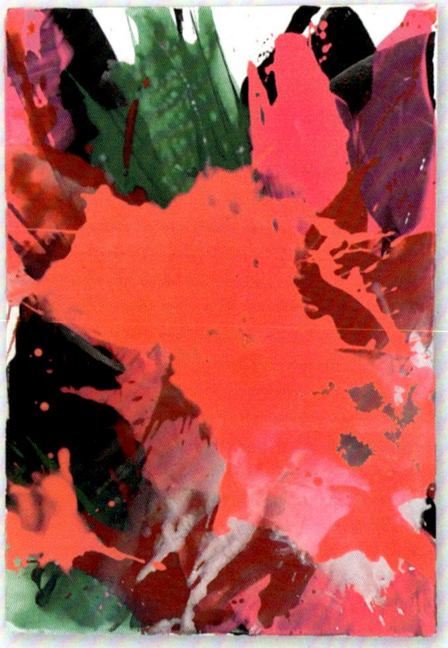

6 Nun kannst du das Neonrot mit dem Flachspachtel über die Fläche verteilen und zusätzlich einen kleinen Auftrag links unten als Gegenpol setzen.

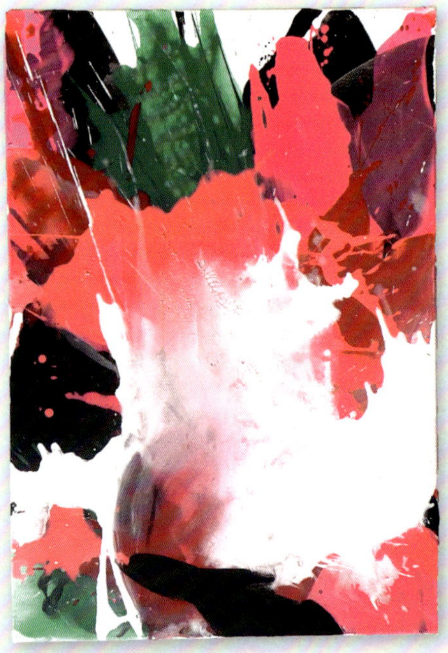

7 Wiederhole den Vorgang nochmals mit der Farbe Weiß. Dieses Mal sollte der Auftrag etwas kräftiger sein. Nimm jetzt den Flachpinsel und male ein kleines schwarzes Element an den unteren mittleren Rand. Trocknen lassen.

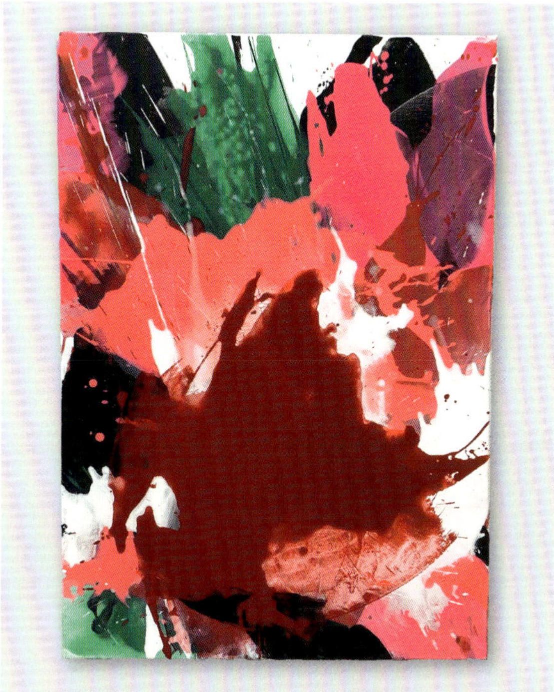

8 Über das getrocknete Weiß kreierst du eine deckende Fläche mit Karminrot. Trocknen lassen.

9 Verdünne die Farbe Neonpink nochmal und gestalte mit dem Flachspachtel wieder eine größere Fläche über das Karminrot. Trocknen lassen.

10 Zum Abschluss nimm nochmals das lasierende Weiß und lass dieses über die rechte untere Ecke laufen. Gib eine kleine Fläche Weiß aus dem Becher an eine Stelle und warte kurz, bis sich diese etwas verteilt hat. Dann hebst du das Bild am unteren Rand kurz an, sodass die Farbe nach oben laufen kann, und legst es dann gleich wieder hin. Jetzt kannst du mit dem Papiertuch die Stellen entfernen, die dir zu viel sind.

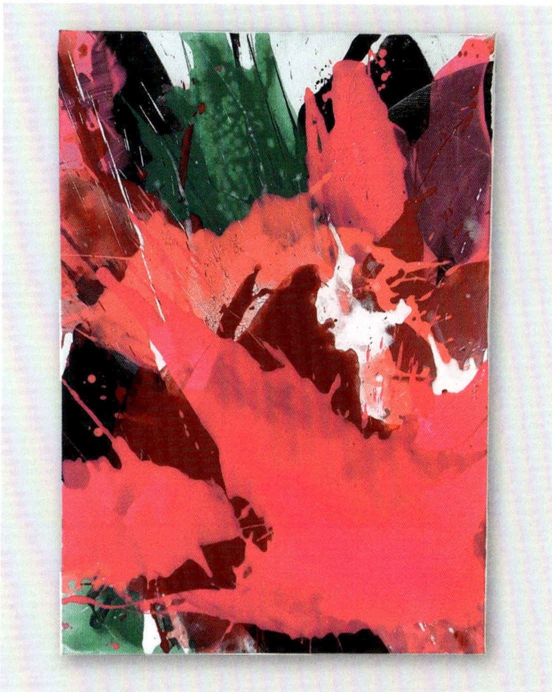

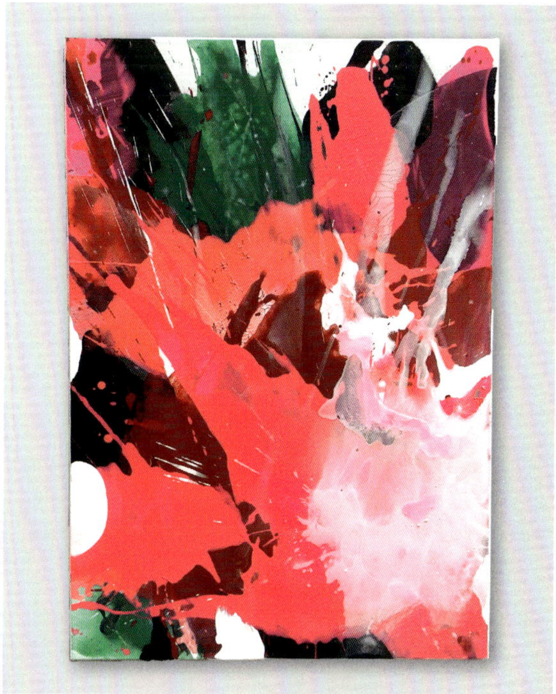

INSPIRIERENDE FRISCHE

Helle und kräftige Farben – für mich Inspiration pur. Ich finde neue Ideen und die Inspiration führt mich zur Kreativität. Ich verspüre Lust auf Pinsel und Farbe und lasse meiner Kreativität freien Lauf. Ich suche keine Ideen, sondern ich finde sie während des Malprozesses. Immer wieder neu, Vorfreude auf ein neues kraftvolles Bild mit Energie und Frische.

Malgrund

Leinwand 80 x 70 cm

Material

Flachspachtel
Flachpinsel
kleine Becher
Rührstäbe
Kohlestifte dünn
Papiertuch
Wasser

Farbe

ACRYLFARBEN

Schwarz
Neonrot

AQUARYLIC-FARBEN

Gelb
Weiß
Rot
Orange

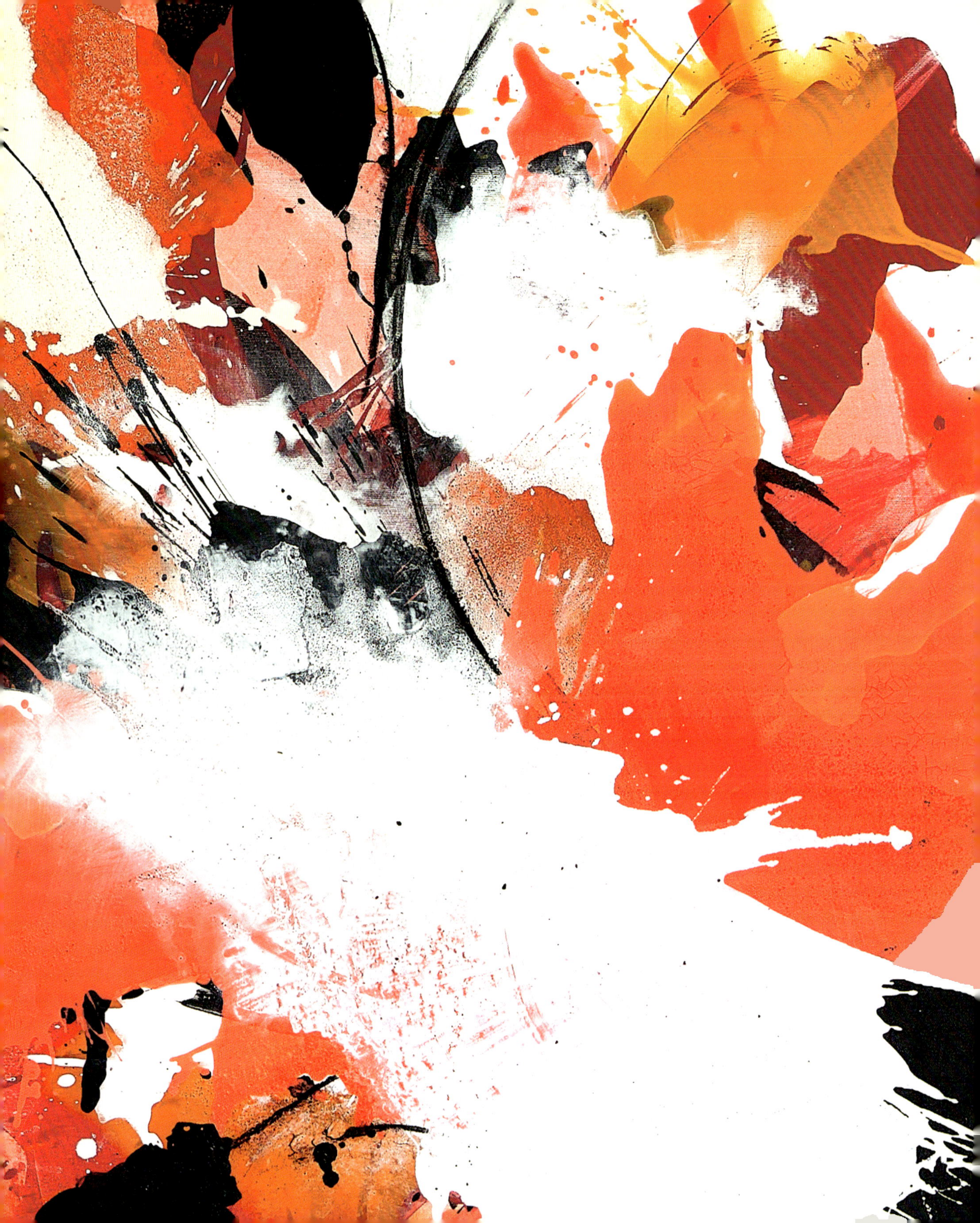

Los geht's

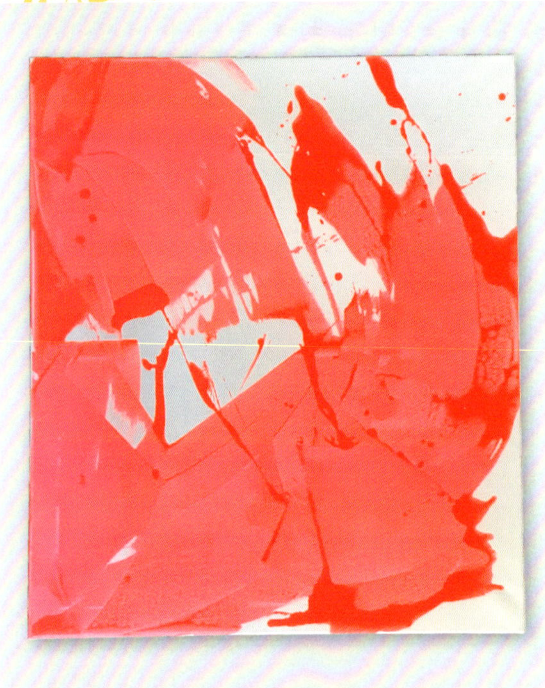

1 Bereite dir eine Farbmischung aus Neonrot, Weiß und etwas Wasser in einem Becher vor. Schütte die Farbe auf die Leinwand und arbeite mit dem Flachspachtel so, dass du eine Fläche mit interessanten Linien und Spritzern bekommst. Trocknen lassen.

2 Jetzt wiederholst du diesen Vorgang mit einem verdünnten Schwarz und lässt das Bild wieder trocknen.

3 Verdünne das Neonrot mit Wasser und schütte es noch mal über die schwarzen Flächen, überdecke aber nicht komplett alles von den anderen Farben. Trocknen lassen.

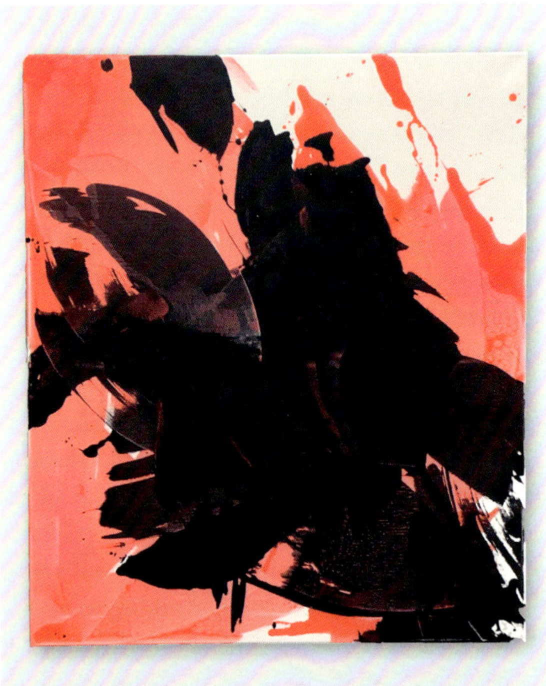

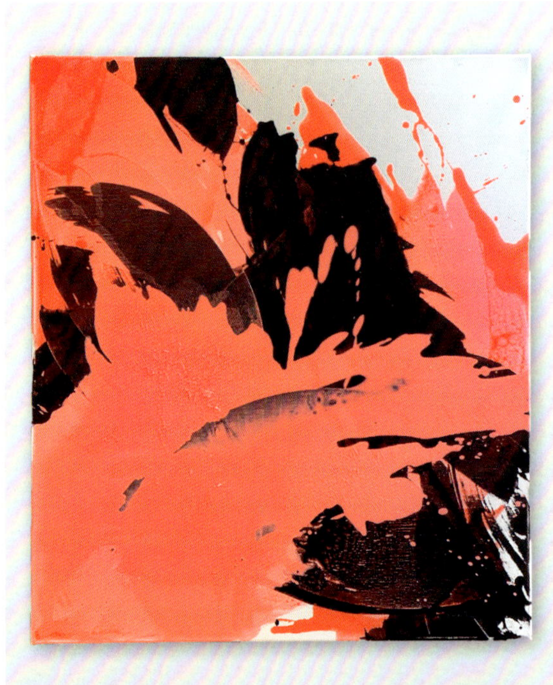

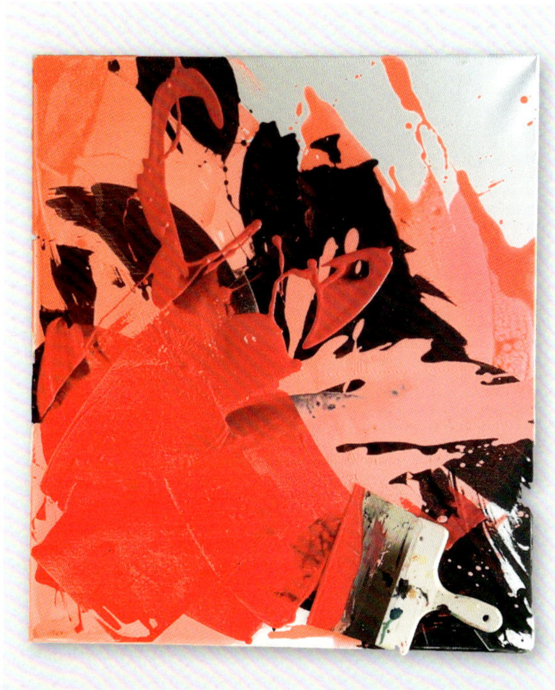

4 Gib rote Farbe in einen Becher mit Wasser und rühre sie gut auf. Kreiere nun mit dem Flachspachtel in der Ecke links unten ein Element. Alles gut trocknen lassen.

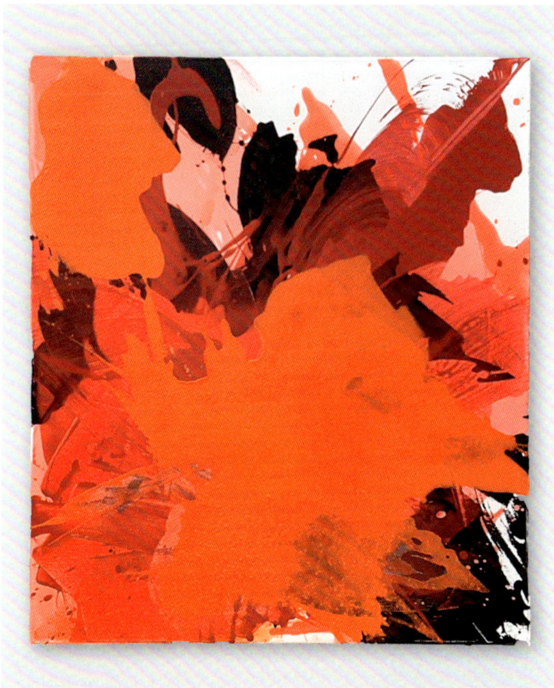

5 Nimm dir zwei Becher und die Farben Orange und Gelb und verdünne sie mit Wasser. Zuerst arbeitest du mit Orange. Gestalte die Fläche genau über das Rot. Leere dazu das Orange auf die zu bearbeitende Fläche und verteile es mit dem Flachspachtel, bis dir deine Form gefällt. Anschließend lässt du die Farbe trocknen.

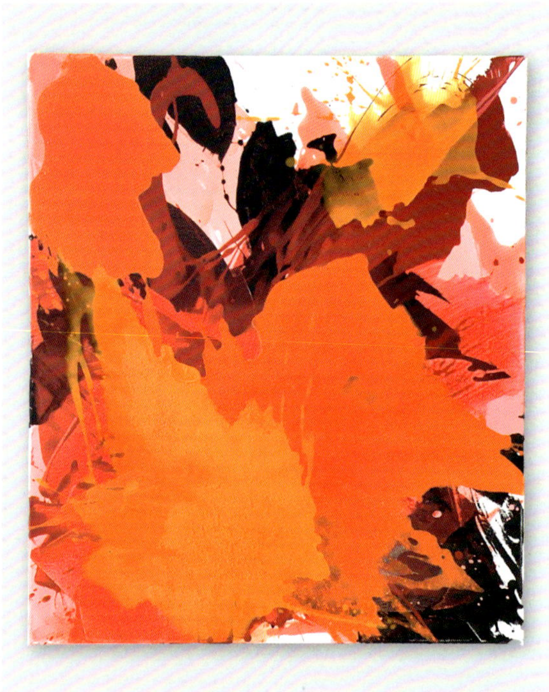

6 Schütte dein Gelb auf die untere Hälfte deiner orangenen Fläche und setze einen kleinen gelben Gegenpunkt rechts oben ins Bild auf die rote Fläche. Trocknen lassen.

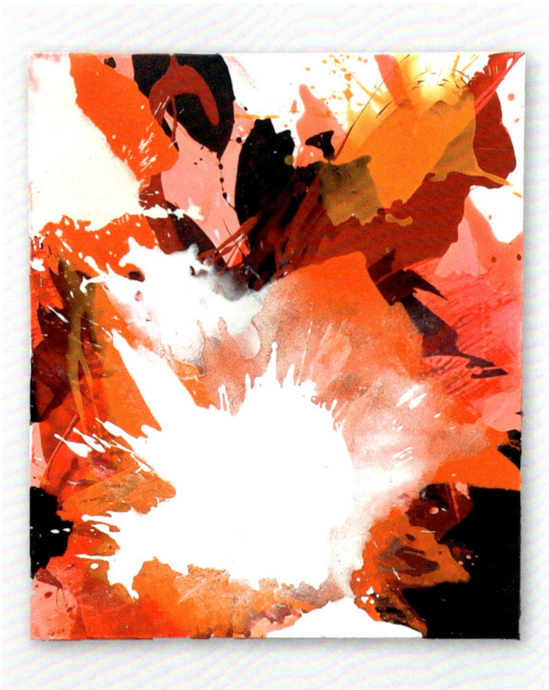

7 Schütte ein deckendes Weiß mittig auf den unteren Teil der Leinwand, arbeite aber nicht mit dem Spachtel nach. Lass die Farbe beliebig laufen. Anschließend entfernst du zu viel gewordene Spritzer mit einem Papiertuch. Trocknen lassen.

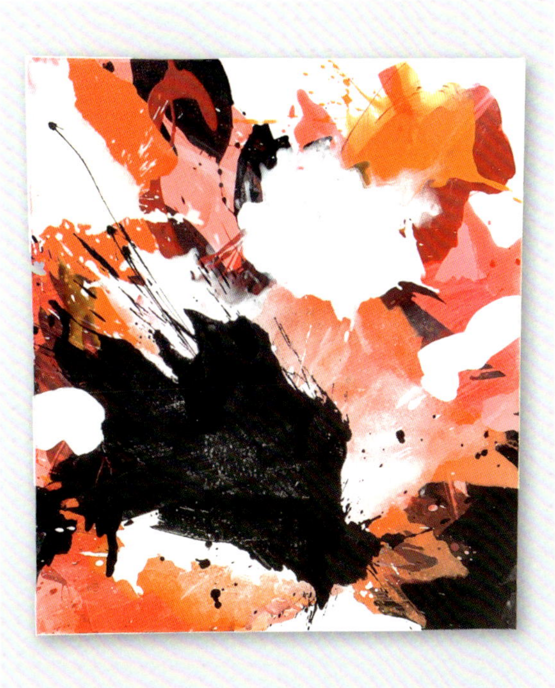

8 Gib mittig auf das getrocknete Weiß die Farbe Schwarz. Einige wenige Stellen Weiß solltest du sichtbar lassen. Wenn du mit der Form in Schwarz fertig bist, gestalte mit dem Flachpinsel und der unverdünnten Farbe Weiß oberhalb rechts und unten in der Mitte zwei Stellen. Danach schüttest du etwas von deinem lasierenden Weiß auf den oberen Teil des Bildes. Trocknen lassen.

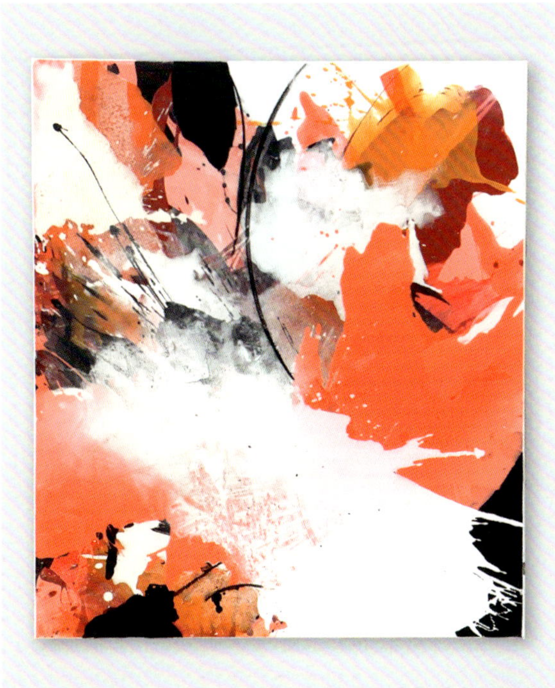

9 Um dem Bild einen Ruhepol zu geben, schüttest du auf die rechte Seite mittig ein verdünntes Neonrot auf. Unten links am Bild malst du mit deinem Flachpinsel eine kleine Stelle in Schwarz auf. Nach dem Trocknen beider Stellen kommt deine letzte Schüttung in Weiß, schräg über das Bild.
Wenn dein Bild getrocknet ist, ziehe mit Kohle Striche. Bevor du deinem fertigen Bild einen Firnis gibst, solltest du die Kohle mit einem Fixierspray einsprühen, damit diese nicht verwischt wird.

SCHWELGEN IN FARBE

Wie in einem Farbenrausch suche ich mir leuchtende Farben aus, um in Farbe zu schwelgen. Farben beeinflussen mich und verändern positiv meine Stimmung. Ich nehme bestimmte Dinge in meinem Alltag anders wahr. Für mich haben Farben Macht. Meine Aufmerksamkeit wird im Umgang in Kombination einzelner Farben gestärkt. Sie hinterlassen für mich einen bleibenden Eindruck.

Malgrund

Leinwand 80 x 80 cm

Material

Flachspachtel
Flachpinsel
kleine Becher
Rührpinsel
Wasser
Papiertuch

Farbe

ACRYLFARBEN

Neonorange
Neonpink
Neonrot
Karminrot
Schwarz
Weiß

AQUARYLIC-FARBEN

Rot

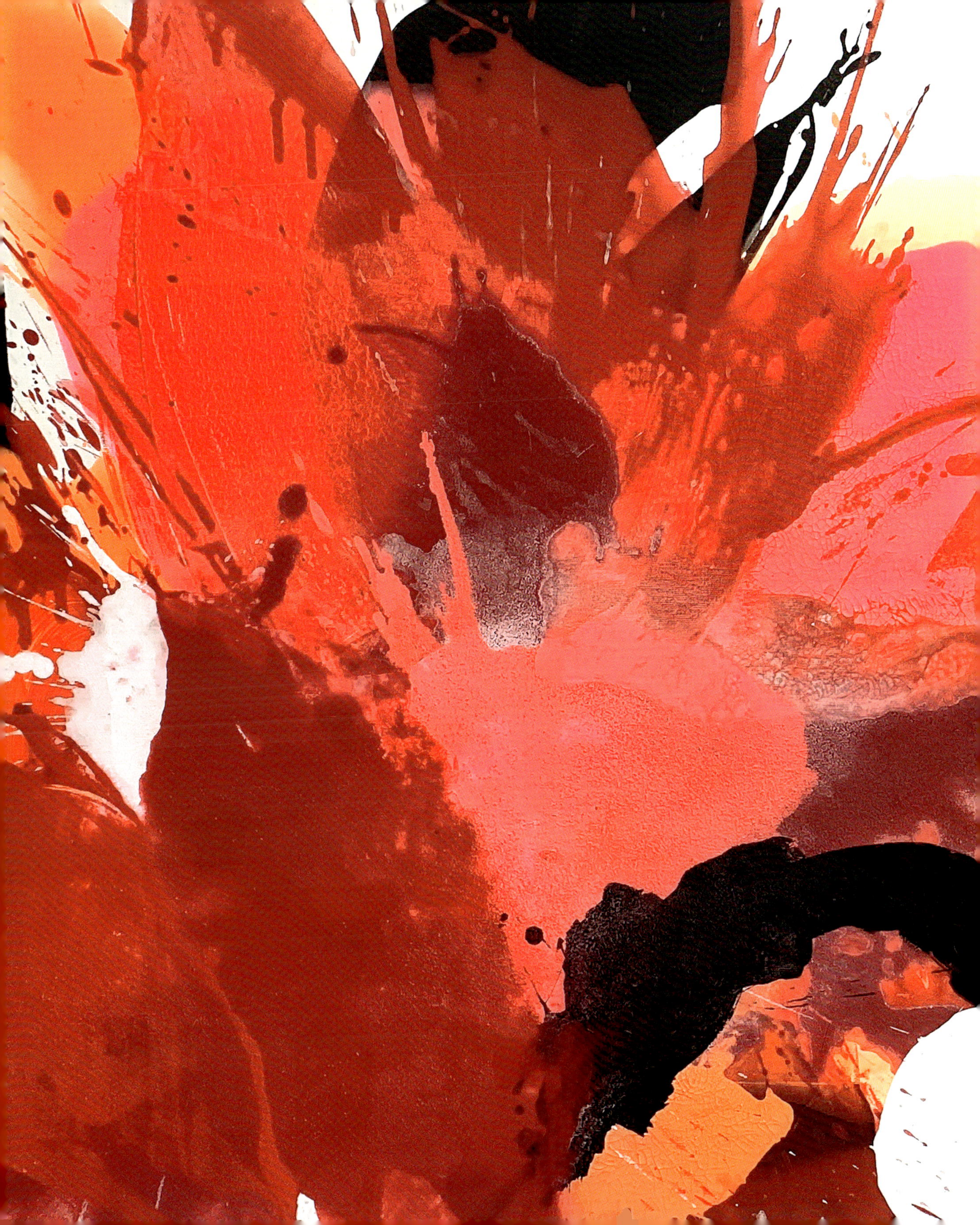

Los geht's

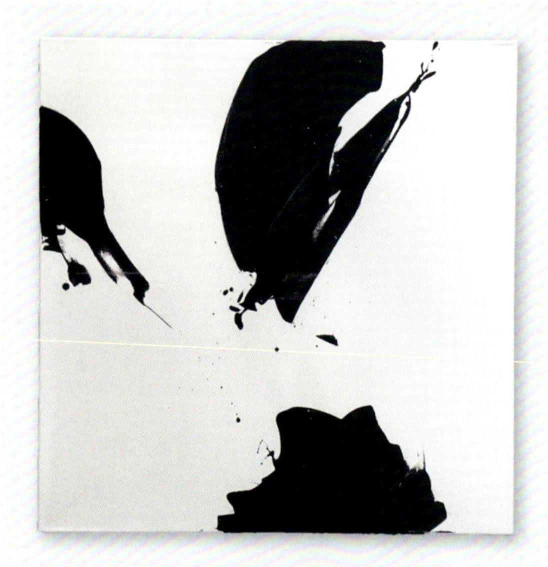

1 Nimm die schwarze Farbe und verdünne diese mit etwas Wasser. Danach leere an drei Stellen, direkt vom Becher, die Farbe am äußeren Rand der Leinwand aus und verteile diese mit dem Flachspachtel. Trocknen lassen.

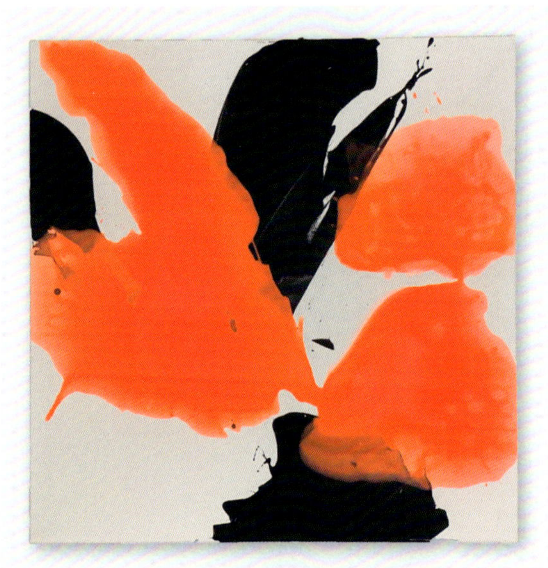

2 Der erste Farbauftrag wird mit Neonorange sein. Verdünne das Neonorange mit Wasser. Die Farbe sollte nicht zu dick sein. Gestalte drei kreisrunde Elemente, indem du die Farbe aus dem Becher auf die Leinwand laufen lässt und die Leinwand hin und her bewegst. Alternativ kannst du auch den Flachspachtel zur Hilfe nehmen. Trocknen lassen.

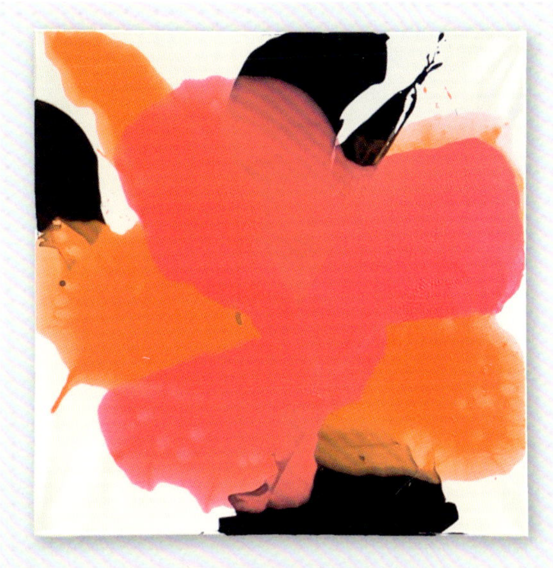

3 Denselben Arbeitsgang wie mit der Farbe Neon-orange machst du jetzt mit der Farbe Neonpink. Diesen Farbauftrag lässt du trocknen.

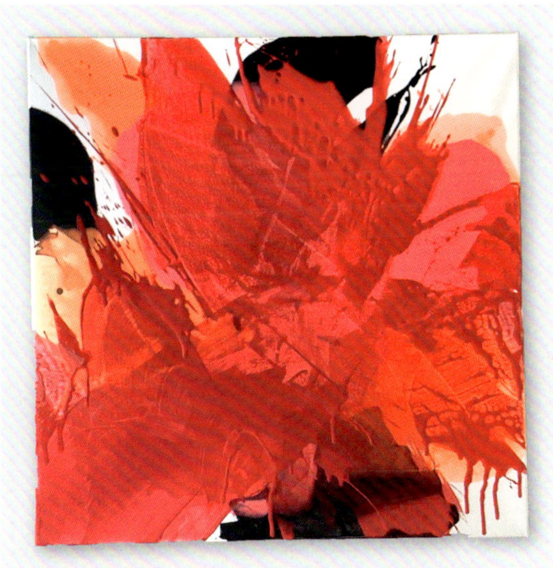

4 Verdünne die Farbe Rot mit Wasser. Schütte an zwei Stellen im unteren Bereich der Leinwand die Farbe auf und verteile diese in drei Richtungen. Das lässt du auch wieder trocknen.

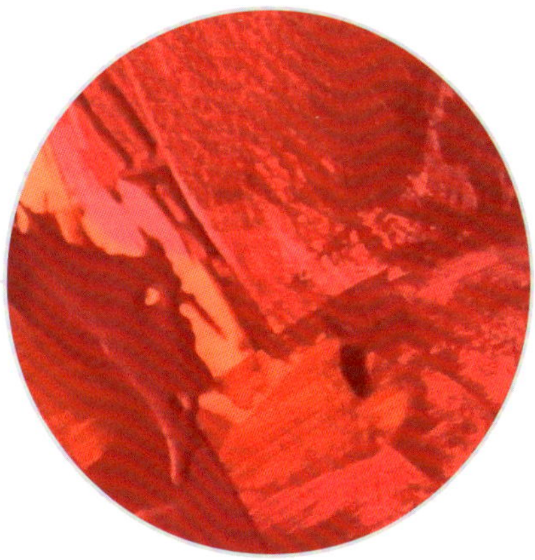

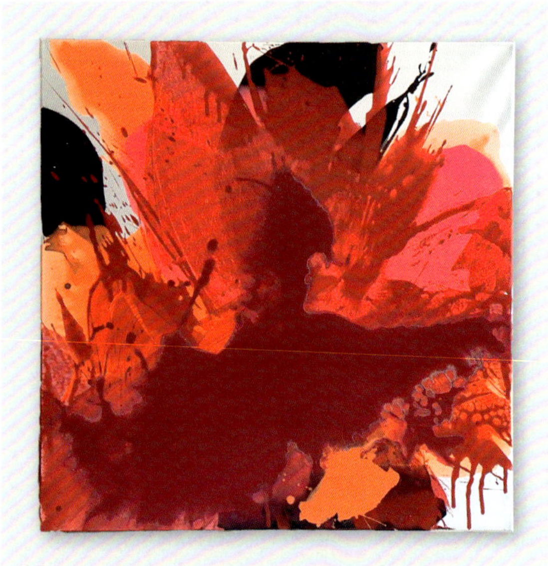

5 Die nächste Schüttung wird mit der Farbe Karminrot gemacht. Verdünne die Farbe und schütte sie im unteren Bereich quer über die Leinwand. Lasse sie trocknen.

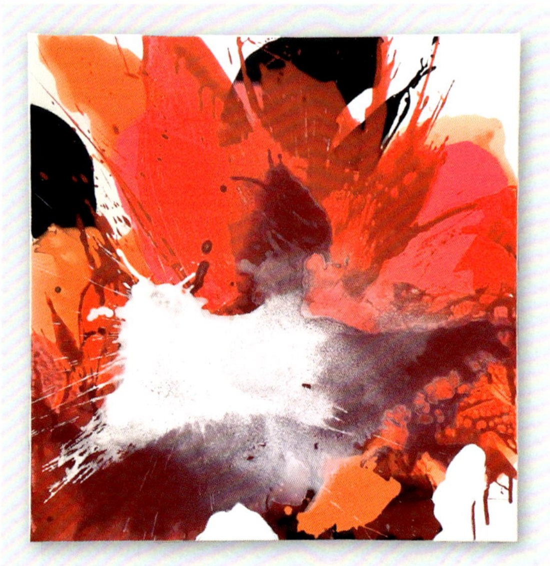

6 Jetzt wird das Ganze noch mal mit der Farbe Weiß gemacht. Nimm dazu erst ein lasierendes Weiß zum Schütten. Anschließend kannst du das deckende Weiß gleich drüberlegen.

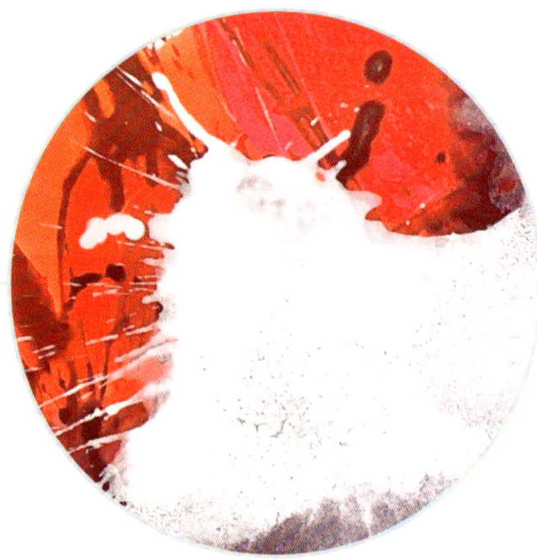

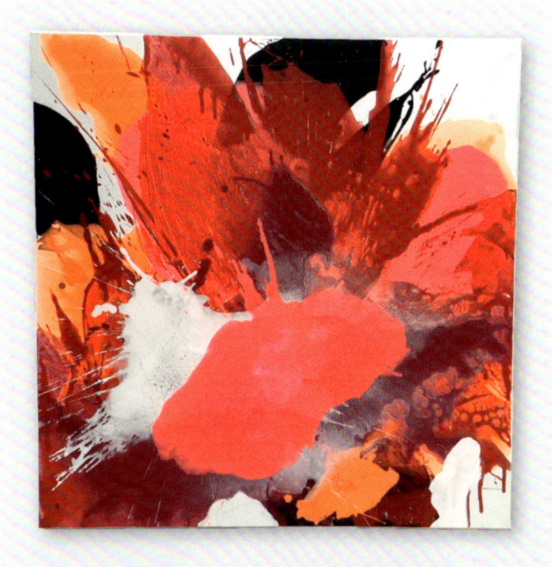

7 Wenn alles gut getrocknet ist, verdünne die Farbe Neonrot und gestalte eine deckende Farbschicht über der weißen Stelle. Trocknen lassen.

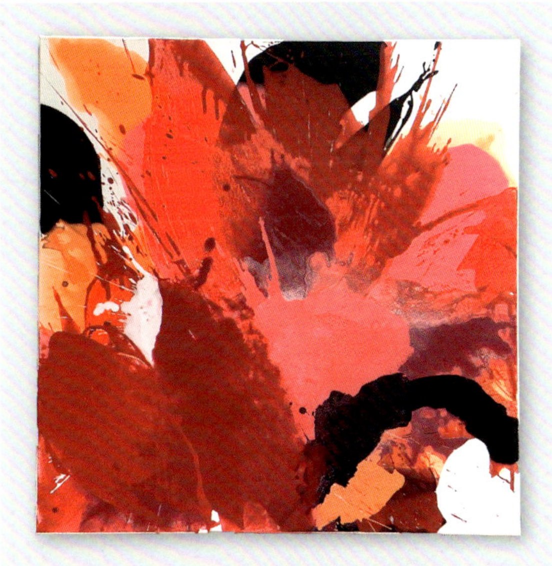

8 Ziehe jetzt mit dem Flachpinsel und Schwarz ein Element in den rechten unteren Teil der Leinwand. Mit Weiß beruhigst du die kleine Fläche unter deinem schwarzen Element. Wenn du fertig bist, nimmst du noch mal das verdünnte Karminrot und und gestaltest mit dem Flachspachtel zwei Elemente unten links. Die letzte Schüttung wird wieder mit der Farbe Weiß sein. Ziehe zuerst mit dem Pinsel und einem deckenden Weiß ein Element, ca. 20 cm lang, von oben nach unten in die Leinwand. Nimm anschließend den Becher und schütte das verdünnte Weiß auf den unteren linken Bereich. Zu viele Spritzer mit dem Papiertuch abnehmen. Mit dem Rührpinsel ziehst du zuletzt noch einige schwarze Striche ins Bild.

IM EINKLANG

Mein Bestreben ist es immer, ein Kunstwerk in eine Harmonie zu bringen. Das bedeutet für mich, Farben aufeinander abzustimmen. Die Komposition soll dann mit den Farben einen harmonischen Zustand bilden. Informell zu arbeiten bedeutet immer wieder aufs Neue, den Zufall auf der Leinwand zu begleiten. Ein Malabenteuer, dass bei jedem neuen Werk von vorne beginnt. Was gibt es Schöneres?

Malgrund

Leinwand 70 x 80 cm

Material

Flachspachtel
Flachpinsel
kleine Becher
Rührstäbe
Wasser

Farbe

ACRYLFARBE

Karminrot

ACRYLIC-FARBEN

Weiß
Rosa
Magenta
Schwarz
Oxydbraun

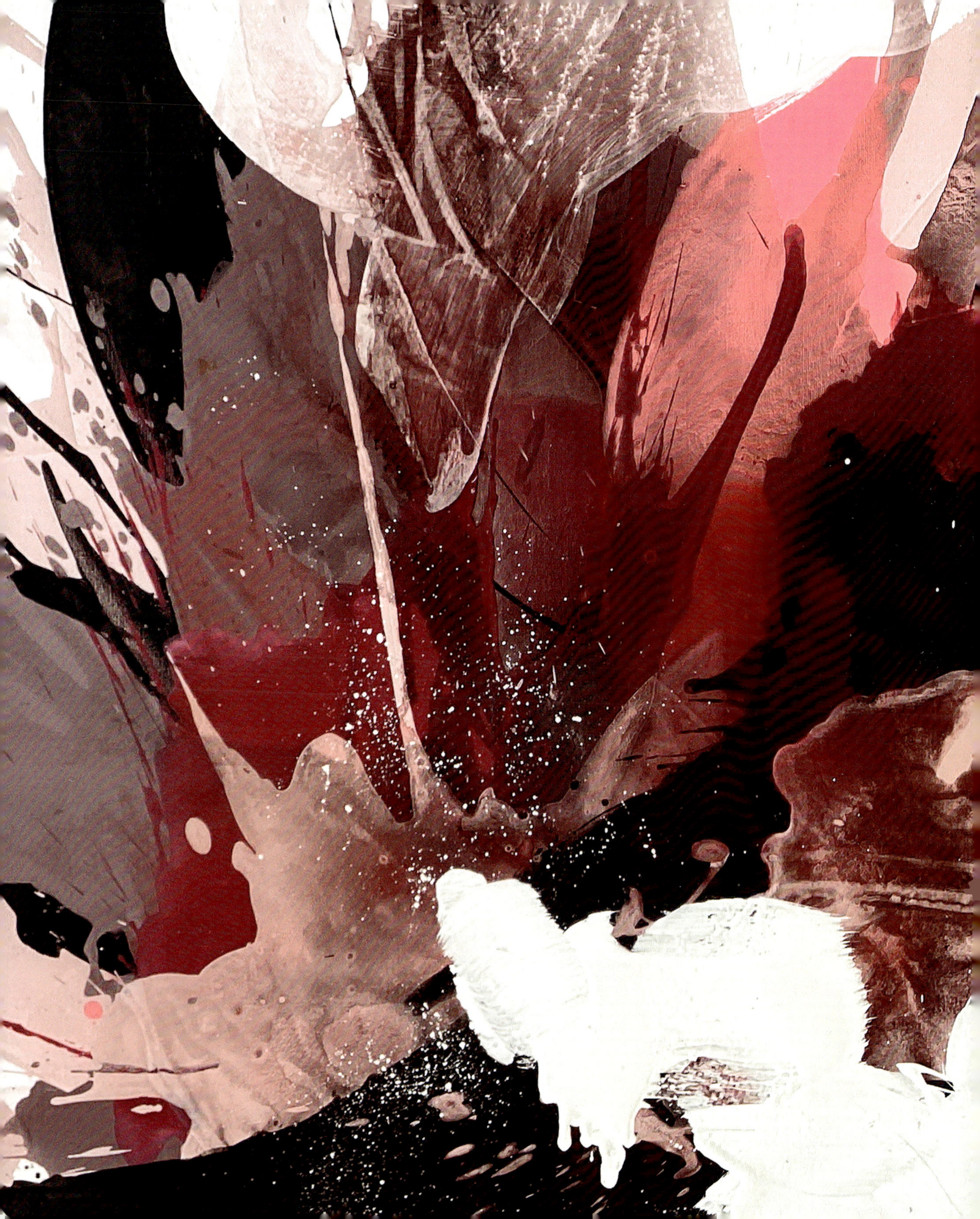

Los geht's

1 Verdünne in einem Becher Rosa mit Wasser und verteile die Farbe mit dem Flachspachtel auf der Leinwand. Lass einige Stellen weiß. Dann lass die Farbe trocknen.

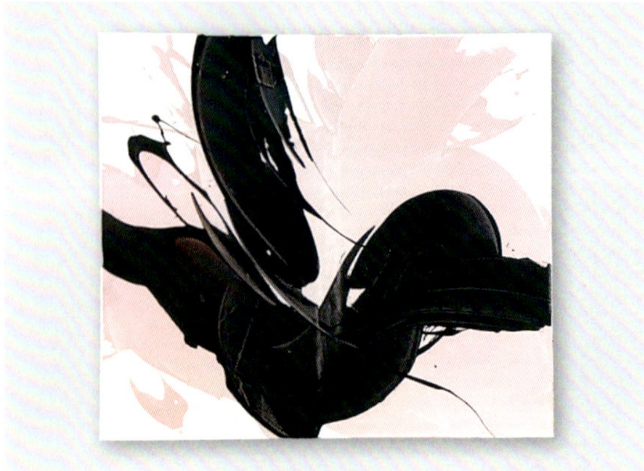

2 Wiederhole den Vorgang mit der Farbe Schwarz. Lass auch diese Schicht trocknen.

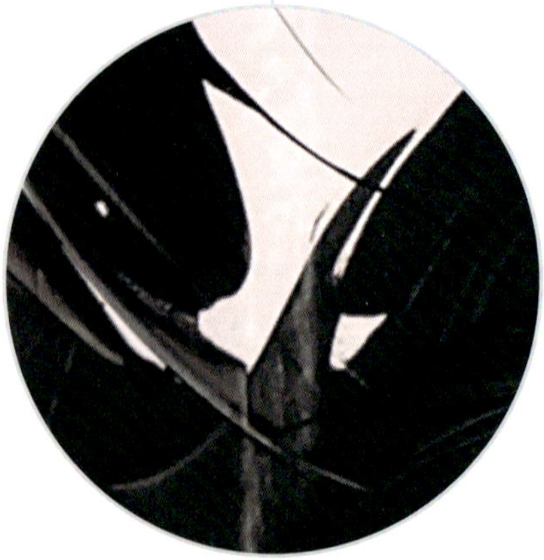

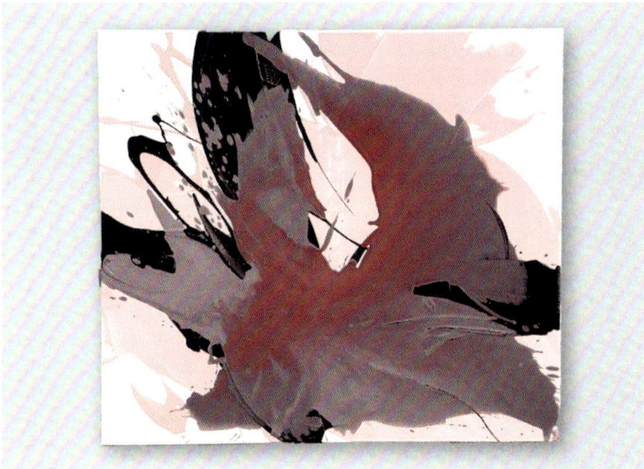

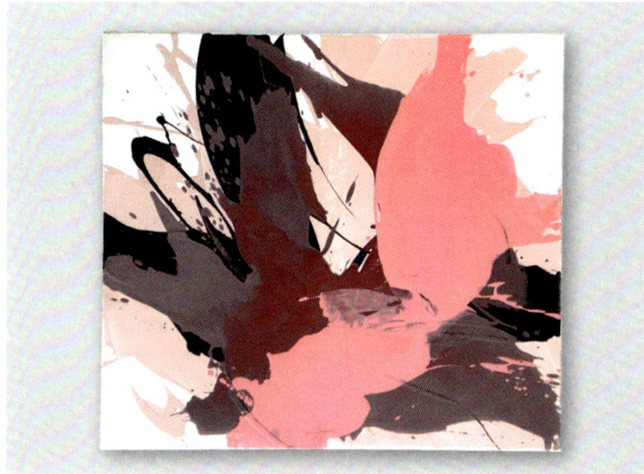

3 Mische in einem Becher die Farben Oxydbraun, Weiß und etwas Wasser zusammen und rühre die Farben gut auf. Dann gestaltest du mit dem Flachspachtel ein bis zwei Elemente über dem Schwarz. Anschließend schüttest du ein verdünntes Qxydbraun auf die noch nasse Farbe.

4 Wenn dein Untergrund richtig getrocknet ist, mische dir die Farben Rosa und Magenta zusammen, bis dir der Farbton zusagt. Mit dem Flachspachtel kannst du dann wieder die nächste Schicht gestalten. Trocknen lassen.

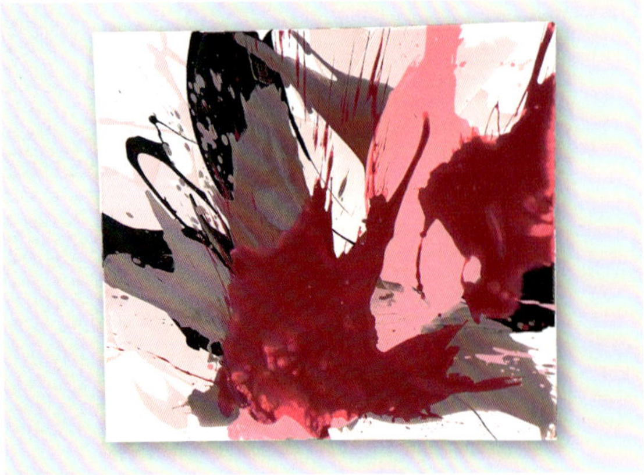

5 Das Karminrot mit Wasser verdünnen und auf die Leinwand schütten, der Flachspachtel kommt dabei nicht zum Einsatz. Sollte dir die Form nicht gefallen, kannst du die Leinwand etwas anheben und die Farbe laufen lassen.

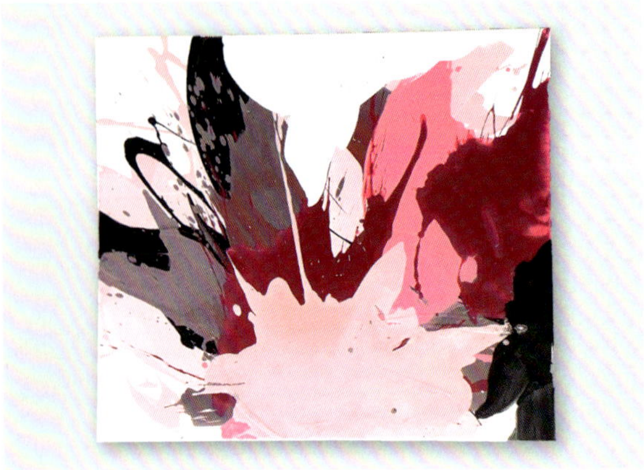

6 Ist alles gut trocken, wird die nächste Schüttung mit verdünntem Rosa am unteren Teil der Leinwand aufgeschüttet. Dieser Arbeitsgang in Rosa muss wieder trocknen.

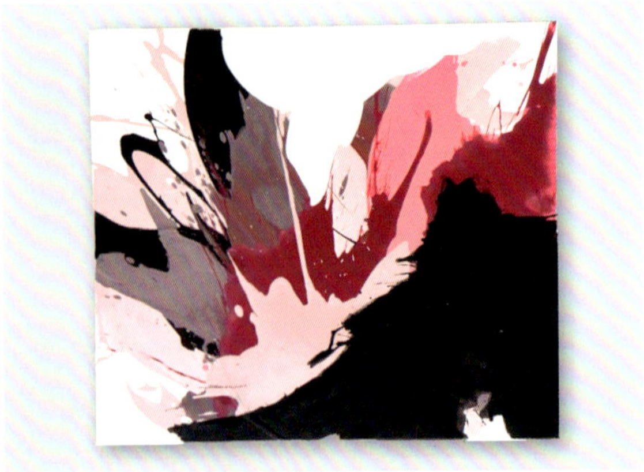

7 Jetzt nimmst du deinen Flachpinsel und pure schwarze Farbe. Übermale damit die in Rosa angelegte Stelle, lass aber einen Teil davon stehen.

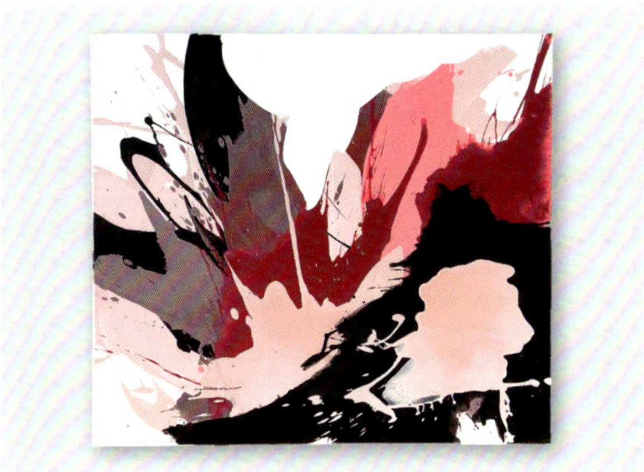

8 Ist das Schwarz getrocknet, gibst du auf die schwarze Stelle nochmals die Farbe Rosa. Versuche ein Element zu gestalten, das etwas unruhig wirkt.

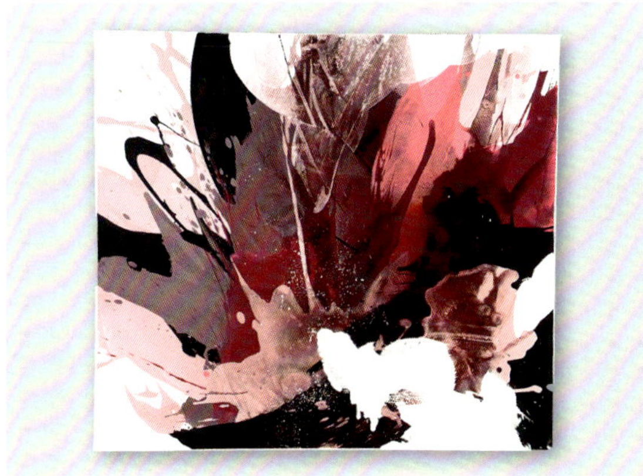

9 Damit die Farben eine Verbindung bekommen, wird das Oxydbraun sehr stark mit Wasser verdünnt. Der Becher darf fast voll sein. Leere den ganzen Becher über die Mitte und rechte Seite der Leinwand und lass die Farbe nach oben hin ablaufen. Lege das Bild nun wieder hin. Steht noch viel Wasser auf dem Bild, hebe es nochmal an, damit das restliche Wasser ablaufen kann. Ist das Bild getrocknet, malst du zuletzt mit Weiß und deinem Flachpinsel zwei Stellen unten rechts in das Bild.

WAHRNEHMUNG

Intuitiv ein Werk erschaffen. Ein Prozess in Formen, Farben und stetiger Veränderung. Nicht allein das Beherrschen einer Technik erschafft ein Bild. Schicht für Schicht erfahre ich eine neue Wahrnehmung und werde getragen von neuen Entwicklungen. Die Farben in Formen auftragen, Farben fließen lassen und wieder übermalen. Dadurch entsteht immer wieder ein neuer Aufbau im Bild.

Malgrund

Leinwand 60 x 90 cm

Material

Flachspachtel
kleine Becher
Rührpinsel
Wasser
Papiertuch

Farbe

ACRYLFARBE

Karminrot

ACRYLIC-FARBEN

Weiß
Schwarz
Rosa
Magenta
Oxydbraun
Sepia

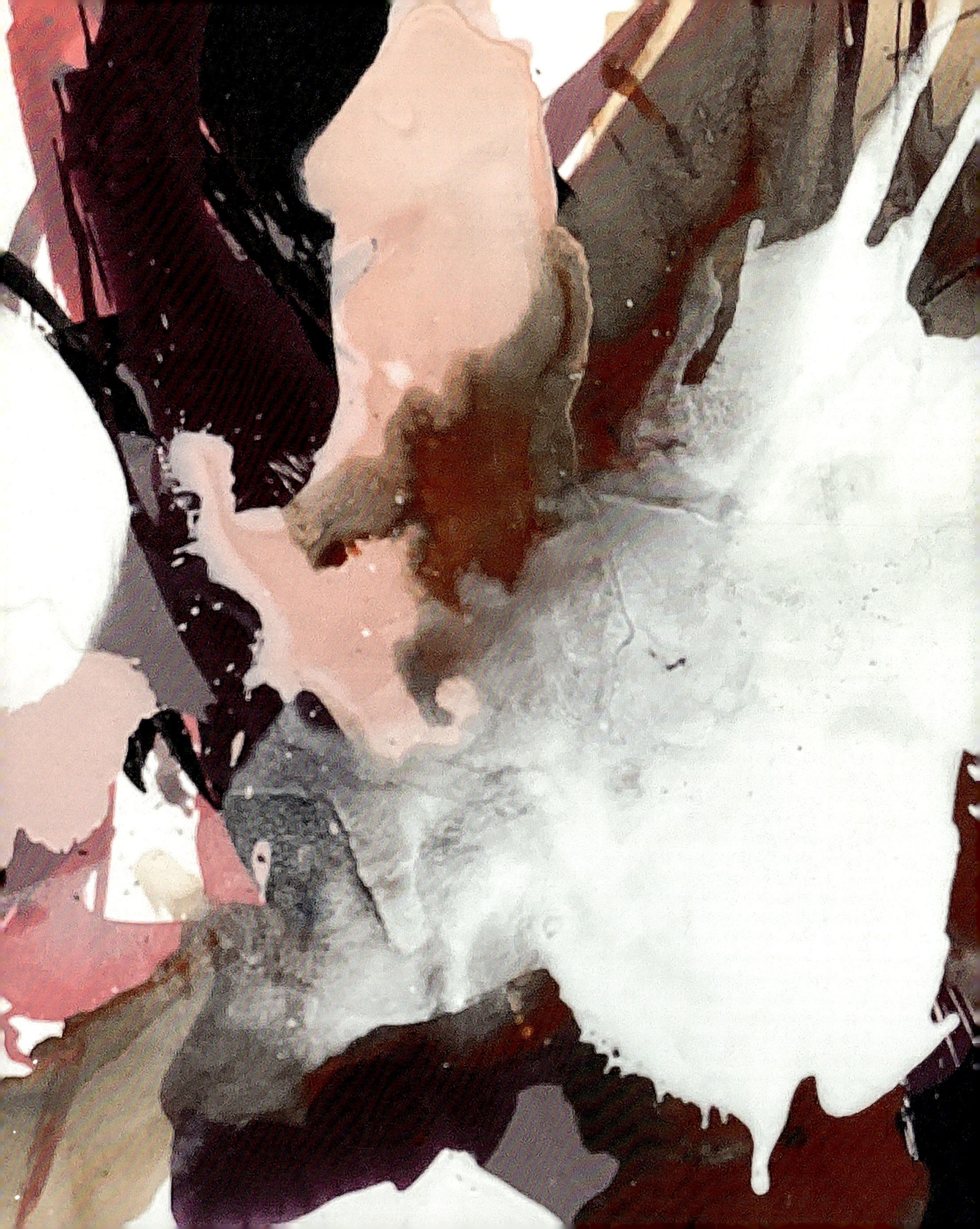

Los geht's

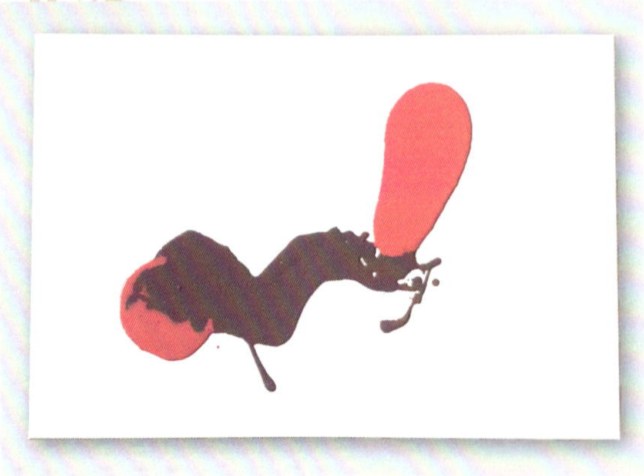

1 Bereite dir zuerst zwei Mischtöne aus den Farben Rosa mit etwas Magenta und Sepia mit Weiß. Gib jeweils etwas Wasser hinzu, bis die Konsistenz locker cremig ist. Nun gibst du die Farbe vom Becher aus auf die Leinwand. Die Farbmenge darf nicht zu wenig sein, da sie mit dem Flachspachtel verteilt wird.

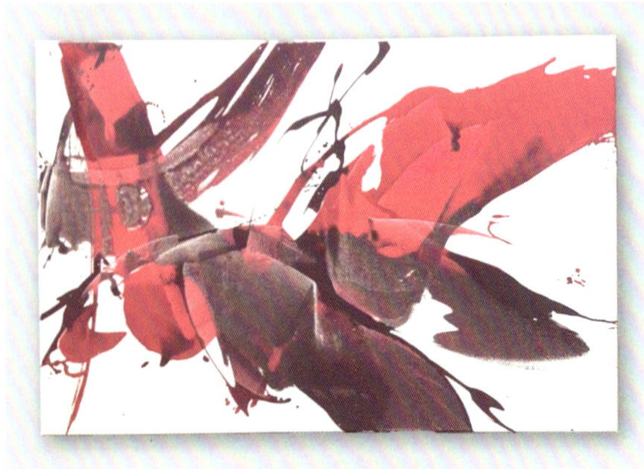

2 Verteile die Farbe auf deiner Leinwand mit dem Spachtel. Die Farben dürfen sich gerne miteinander verbinden. Trocknen lassen.

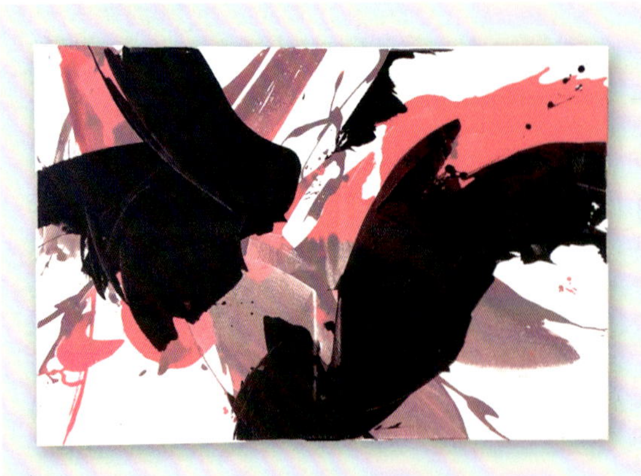

3 Verdünne deine schwarze Farbe und gestalte mit deinem Spachtel zwei ruhige, größere Stellen über den schon vorhanden Farbauftrag.

4 Wenn die schwarzen Stellen getrocknet sind, nimm nochmals die Mischung aus Magenta und Sepia und gib etwas Wasser hinzu. Schütte die Farbe zwischen die beiden schwarzen Stellen. Oben am Bildrand zusätzlich noch eine kleine Stelle mit der Farbmischung gestalten.

5 Der nächste Auftrag wird jetzt in der Farbe Karminrot sein. Mische diesen Farbton mit Wasser zu einer leicht cremigen Konsistenz. Schütte die Farbe an drei Stellen auf und gestalte mit dem Flachspachtel große und kleine Formen.

6 Über das getrocknete Karminrot legst du als nächstes zwei Stellen mit der Farbe Rosa, die du auch wieder mit etwas Wasser verdünnst. Gut trocknen lassen.

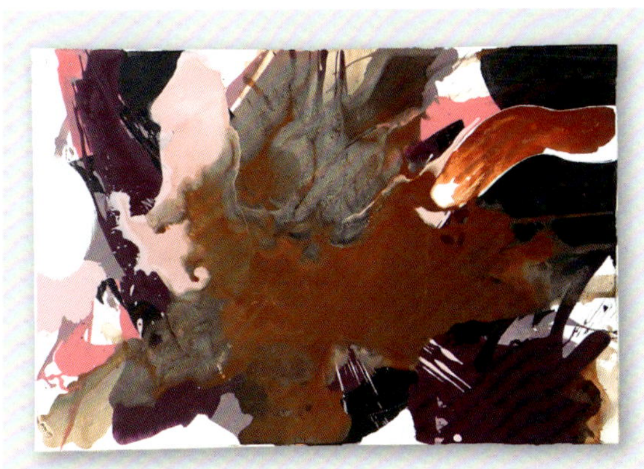

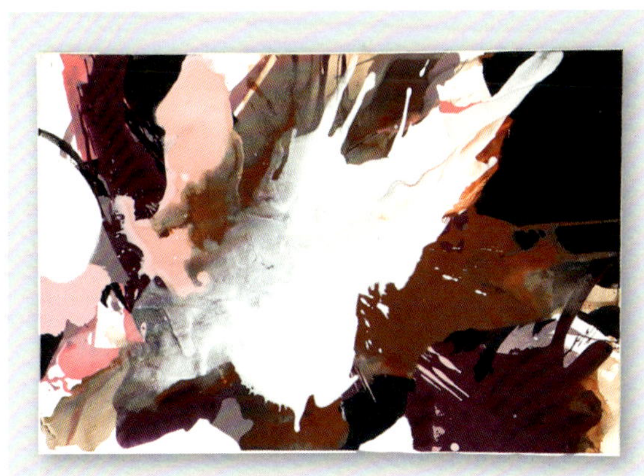

7 Mische das Oxydbraun mit Wasser. Wähle dir anschließend eine größere Stelle mitten auf dem Bild, die du dann mit dem Oxybraun gut bedeckst. Lass viel Wasser mit Schwung auf die aufgetragene Stelle laufen und bewege die Leinwand hin und her. Dann lässt du das Wasser nach oben ablaufen.

8 Nach dem Trocknen rührst du Weiß mit Wasser auf. Bei einem kleinen Becher: 1/8 Farbe, dann bis zur Hälfte des Bechers mit Wasser auffüllen und gut verrühren. Schütte den Inhalt des Bechers quer über das Bild. Entferne abschließend ein wenig Weiß mit einem Papiertuch.

NEUE IMPULSE

Nach jedem fertigen Werk verspüre ich eine innere Regung, ein neues Werk zu erschaffen. Kunst macht mich lebendig, es bereitet mir große Freude und viel Vergnügen, meiner Kreativität freien Lauf zu lassen. Bei diesem Bild gab mir Zerstörung neue Impulse.

Malgrund

Leinwand 60 x 90 cm

Material

Flachspachtel
Flachpinsel
kleine Becher
Rührpinsel
Wasser
Kohlestift
Papiertuch

Farbe

ACRYLFARBEN

Schwarz
Weiß
Signalrot
Neonpink
Blau
Karminrot
Neonrot
Grau
Neonorange

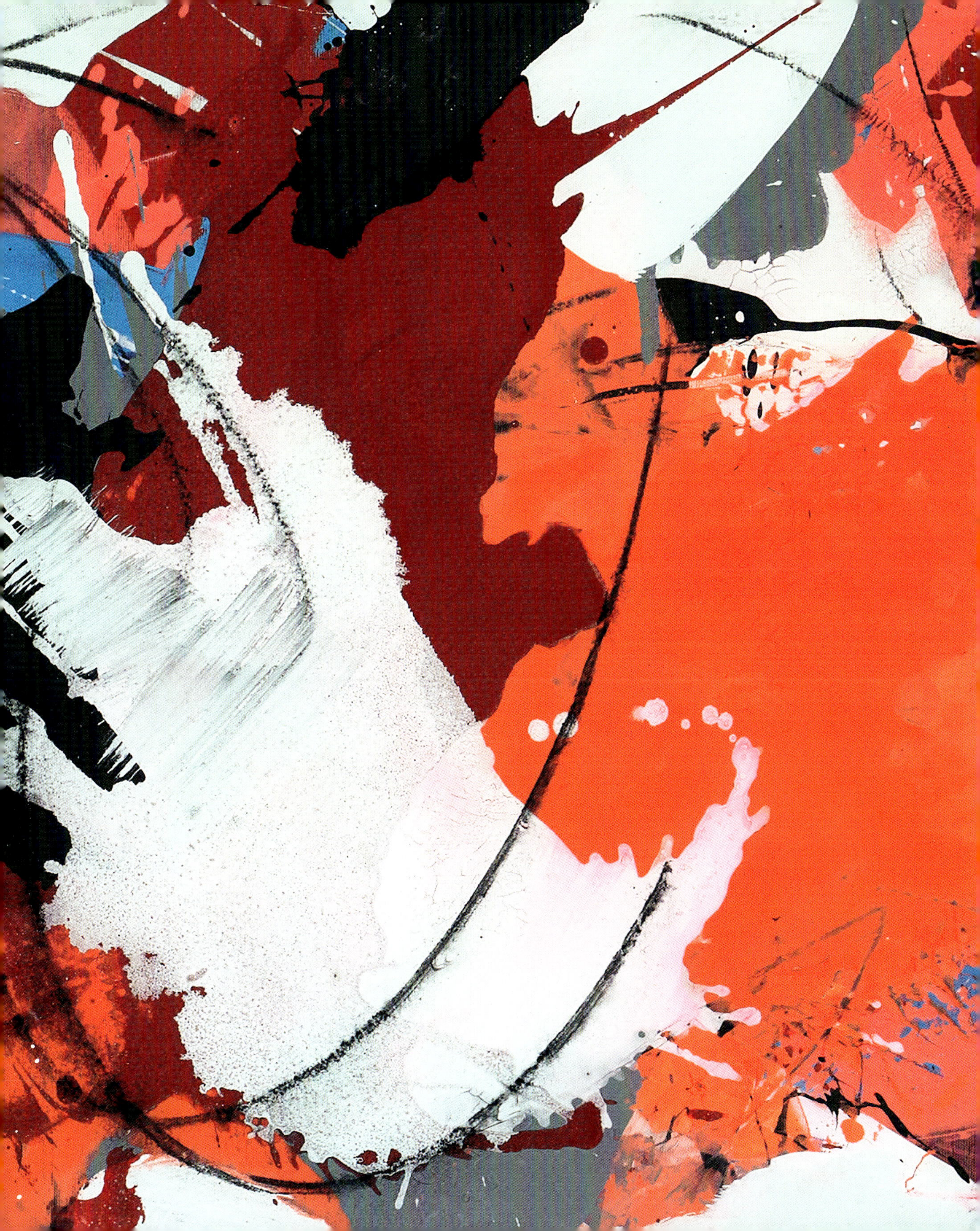

Los geht's

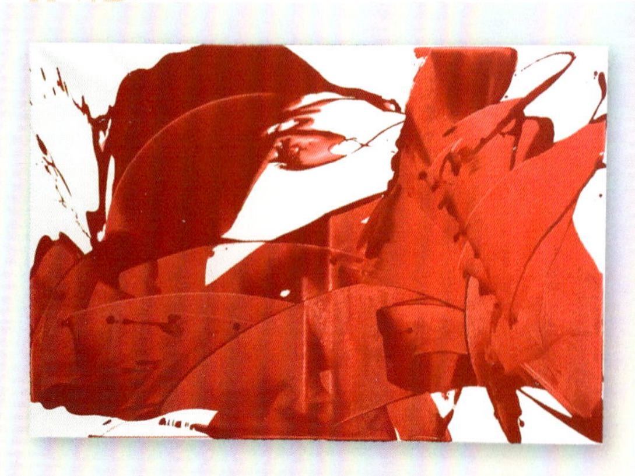

1 Bereite dir in einem Becher Signalrot gemischt mit Wasser für den ersten Farbauftrag zu.. Die Konsistenz darf dick sein, sollte aber von alleine locker aus dem Becher laufen. Gib an zwei bis drei Stellen das Signalrot auf deine Leinwand und verteile es mit dem Flachspachtel.

2 Wenn diese Farbe komplett trocken ist, trägst du die zweite Schicht mit Schwarz auf. Dazu wiederholst du den Vorgang wie bei dem Signalrot.

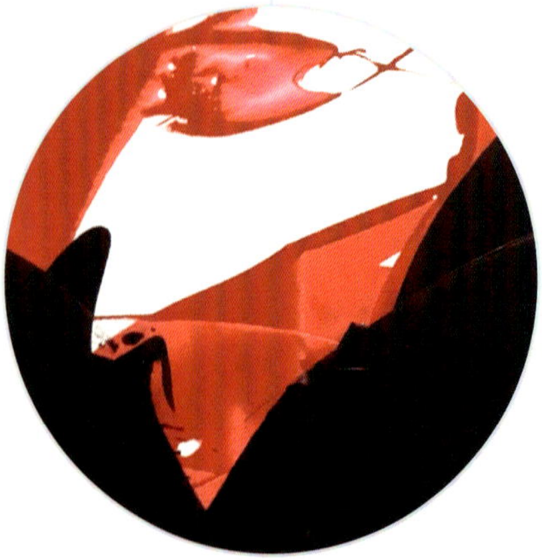

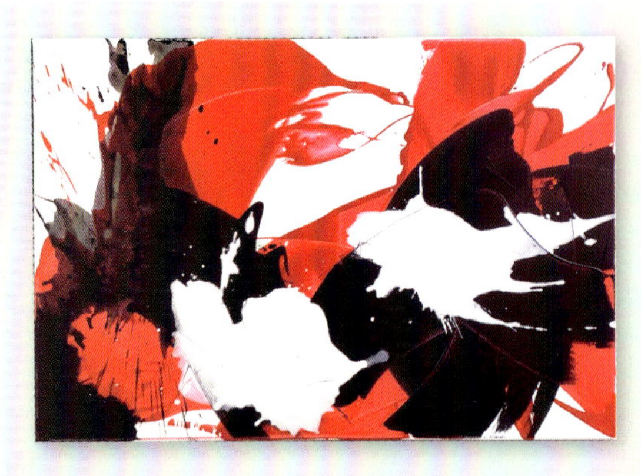

3 Wenn die schwarze Schicht getrocknet ist, schüttest du an zwei Stellen mit etwas Schwung die verdünnte weiße Farbe auf.

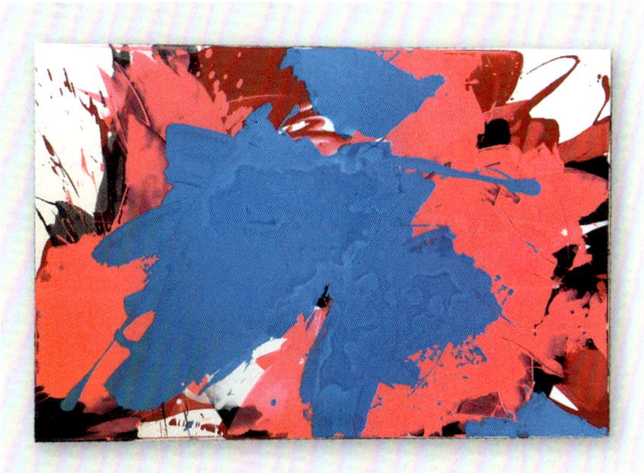

4 Die nächsten Schritte werden mit den Farben Neonpink und Blau sein. Zuerst verteilst du mit dem Flachspachtel das Neonpink großzügig über das Bild. Lass diese Schicht trocknen und lege das Blau darüber. Schütte das Blau an einigen Stellen auf und verteile es mit dem Flachspachtel. Trocknen lassen.

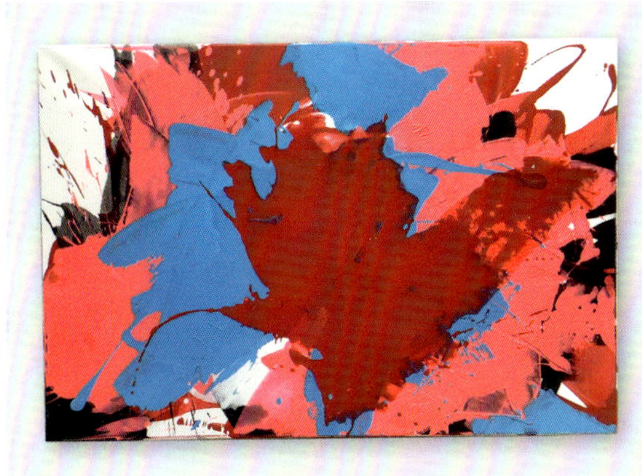

5 Verdünne das Karminrot mit Wasser. Lege die Farbe flächig über das Blau.

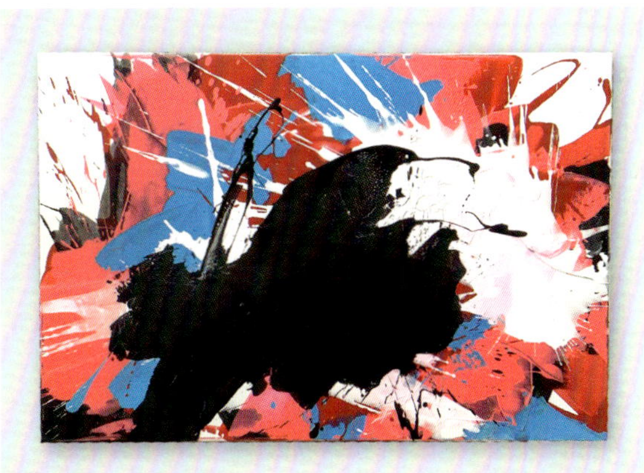

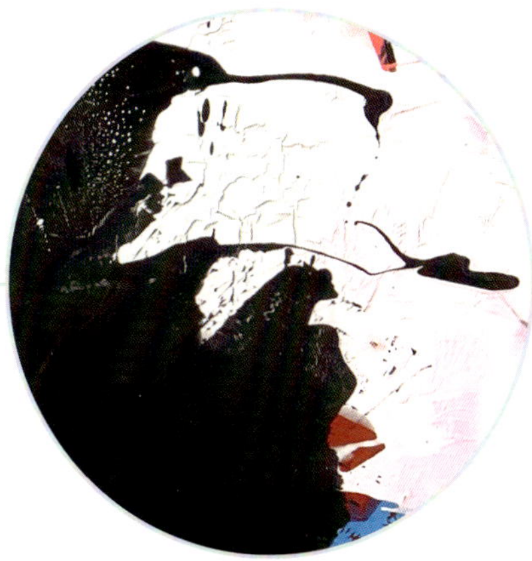

6 Trage das verdünnte Schwarz großzügig mittig im Bild auf. Lass es trocknen, setze dann mit verdünntem Weiß Akzente am Rand der schwarzen Fläche.

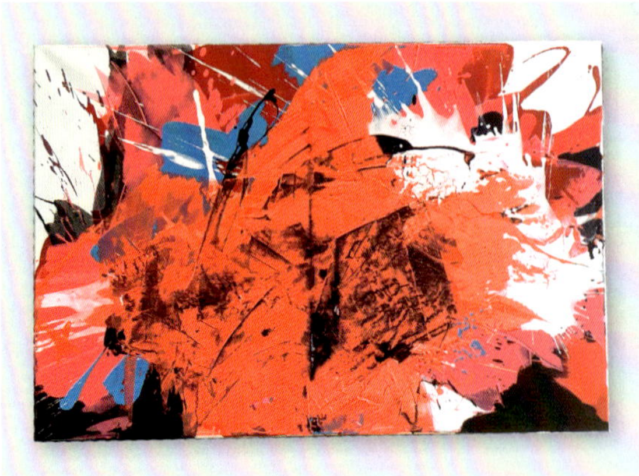

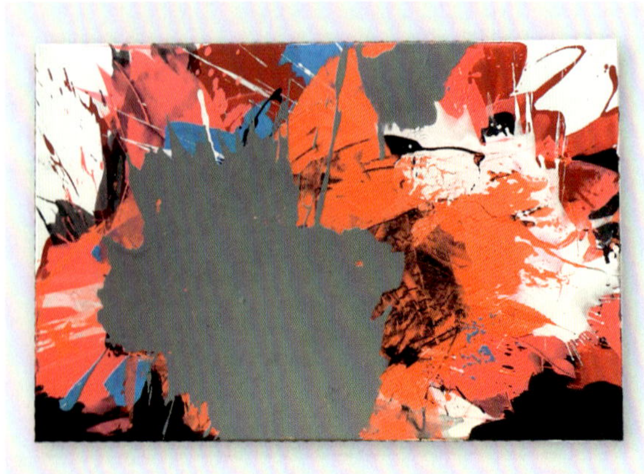

7 Nimm Neonorange und verteile dieses mit dem Flachspachtel großzügig auf der Leinwand, solange das Schwarz noch nicht trocken ist. Die Fläche sieht dann sehr unruhig aus.

8 Ist alles gut getrocknet, gestaltest du mit einem Grau eine ruhige geschlossene Fläche, um das Bild wieder zu beruhigen.

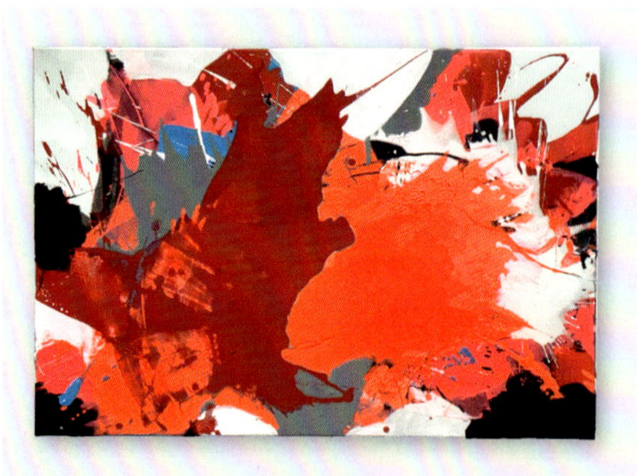

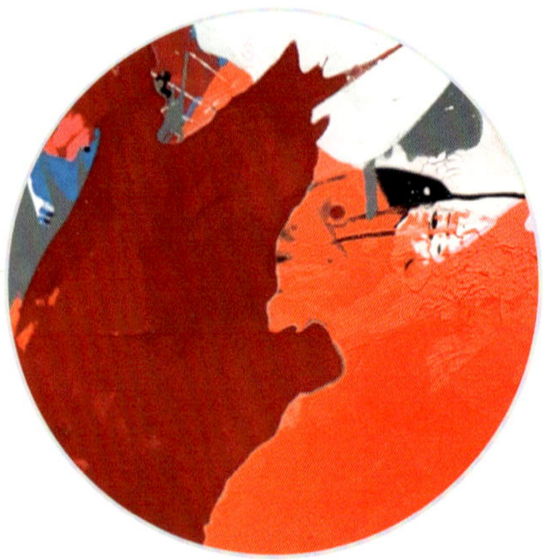

9 Gestalte als nächsten Schritt mit Neonorange auf der rechten Seite, bis runter in die linke Ecke die Fläche. Lass diese Fläche gut trocknen. Vermische das Karminrot mit Wasser und lege die Fläche mit dem Flachspachtel an. Auch wenn manche Stellen nicht deckend sind, macht das nichts aus.

Male anschließend mit deinem Flachpinsel an zwei Stellen, links außen und rechts unten in der Ecke, kleine schwarze Elemente ins Bild.

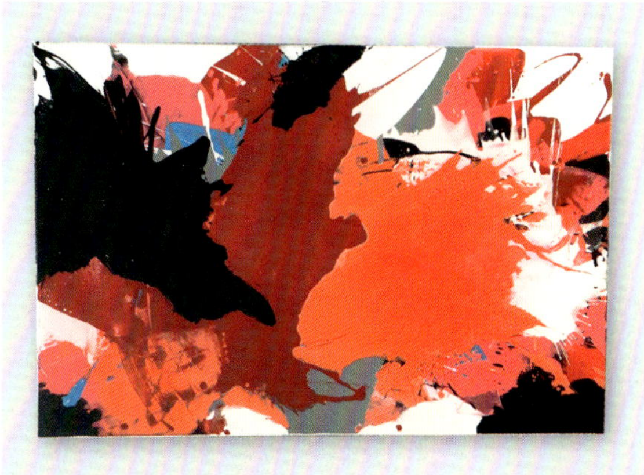

10 Greif nochmals zum verdünnten Schwarz, gib etwas von der Farbe direkt aus dem Becher auf die Leinwand und verteile sie mit dem Flachspachtel. Danach setzt du mit dem Pinsel als Gegenpol oben mittig am Bildrand eine kleine schwarze Fläche.

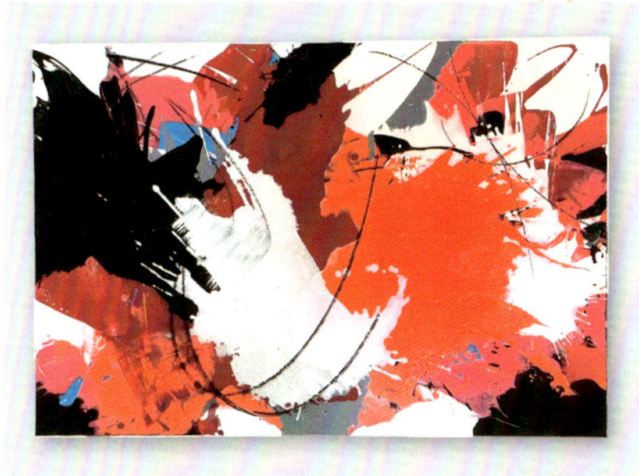

11 Rühre dir eine weiße Farbe an, um die letzte Schüttung auf das Bild zu bringen. Das Weiß solltest du mit mehr Wasser vermischen, damit der Auftrag eher lasieren als deckend ist. Wenn dein Werk getrocknet ist, ziehe mit Kohle einige Striche ins Bild.

RUHIGES FARBENSPIEL

Nicht immer sind viele Farbschichten, Farbspritzer und unruhige Stellen nötig, um ein Werk zu kreieren. Manchmal kommt man auch ganz bescheiden an sein Ziel. Natürlich stellt sich bei jedem angefangenen Bild die Frage: In welchem Stadium höre ich auf, kann ich das Ergebnis als fertiges Werk einordnen oder fehlt da noch was? Ich persönlich höre da auf mein Bauchgefühl.

Malgrund

Leinwand 50 x 70 cm

Material

Flachspachtel
Flachpinsel
kleine Becher
Wasser

Farbe

ACRYLFARBEN

Karminrot

AQUARYLIC-FARBEN

Violett hell
Violett dunkel
Graublau dunkel
Weiß
Gelb
Schwarz
Palisander

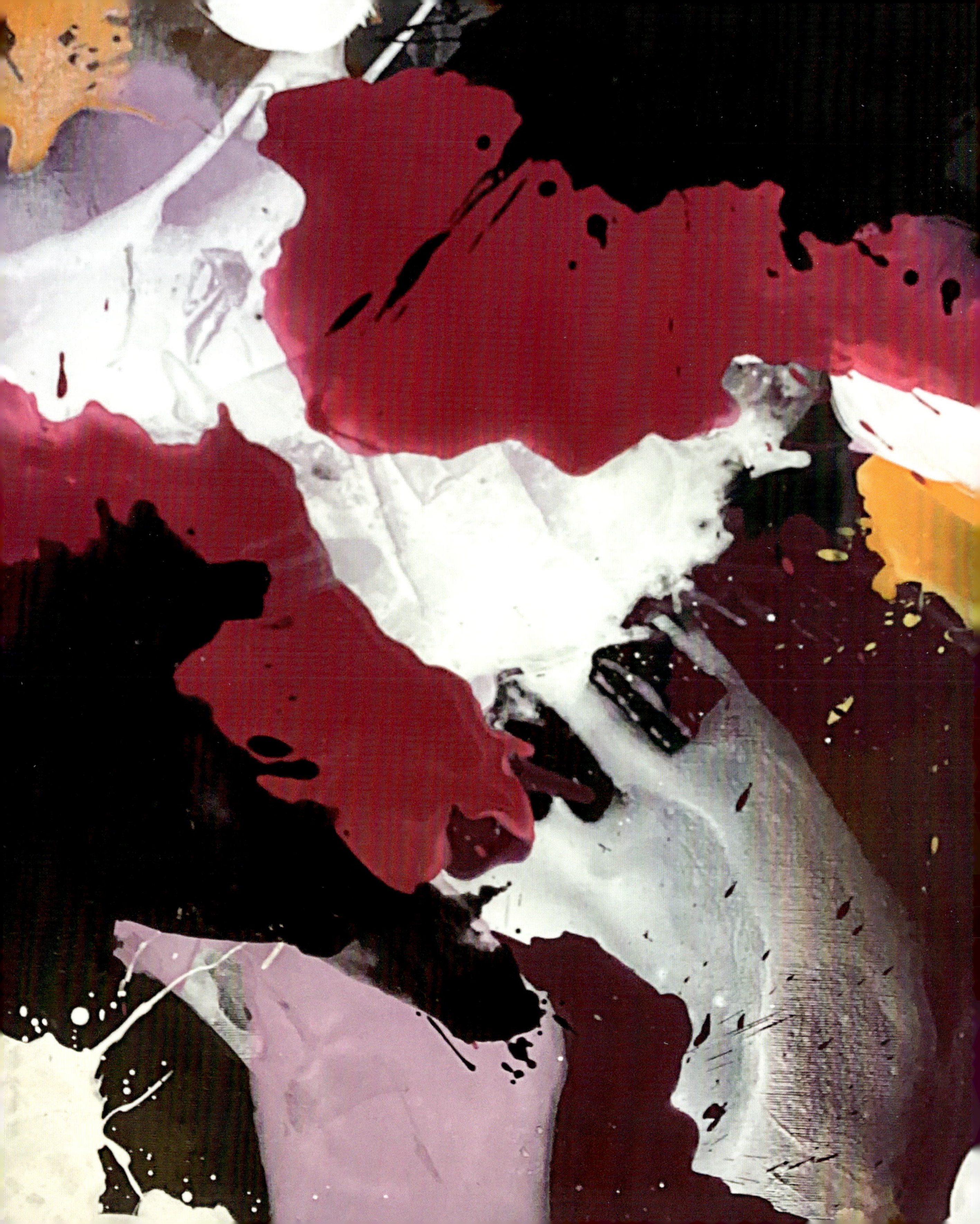

Los geht's

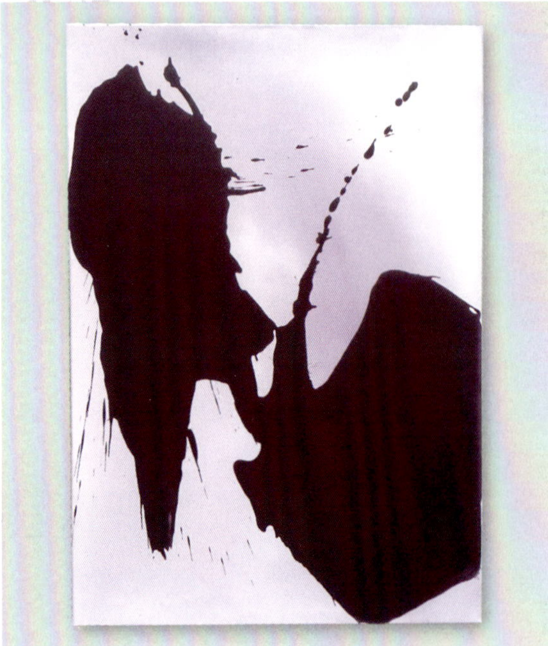

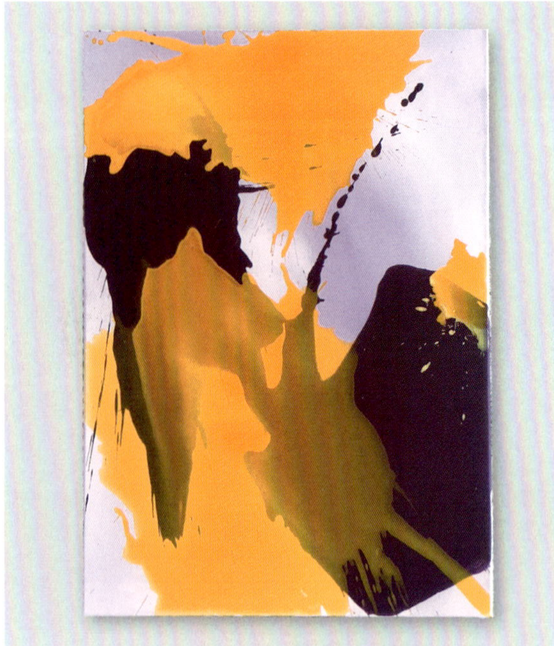

1 Zuerst wird die Leinwand vollständig mit dem Pinsel grundiert. Mische aus den Farben Violett hell und Weiß und etwas Wasser einen Farbton in einem Becher zusammen und verteile die Farbe flächig über die ganze Leinwand – sie muss nicht ganz gleichmäßig sein. Trocknen lassen. Gestalte die nächsten Flächen in Violett dunkel. Gib das Violett und Wasser in einem Becher und verrühre es gut. Dann nimmst du einen zweiten Becher und halbierst die Farbe. Leere an zwei Stellen die Farbe aus dem Becher auf die Leinwand und gestalte mit dem Flachspachtel zwei Elemente. Für die nächste Schicht sollte dieser Untergrund getrocknet sein.

2 Rühre in einem Becher das Gelb mit eWasser an. Dann wiederholst du den Vorgang wie mit der Farbe Violett dunkel.

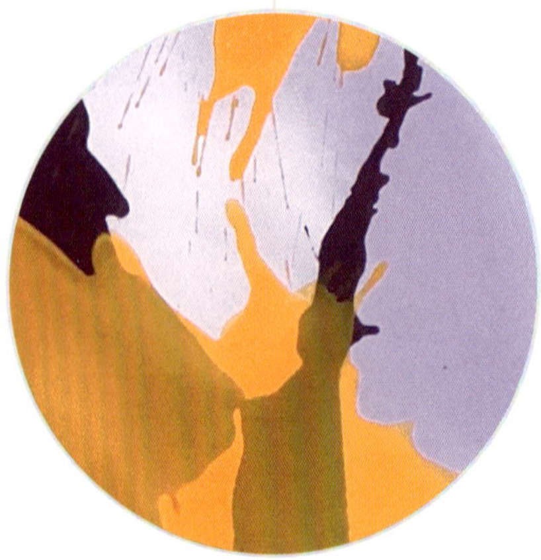

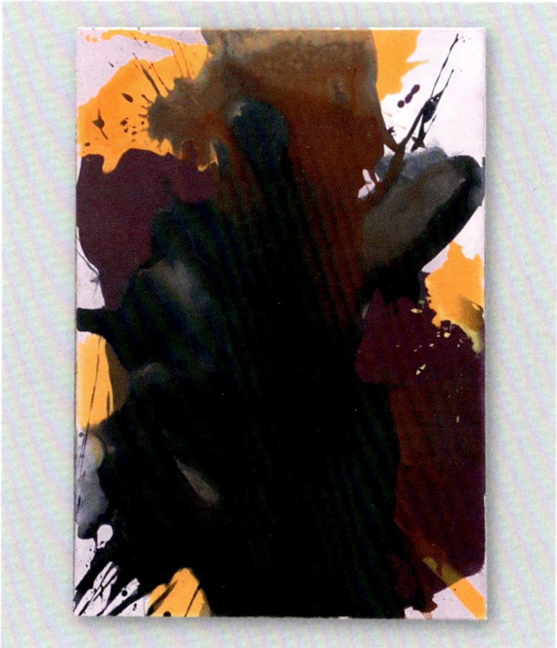

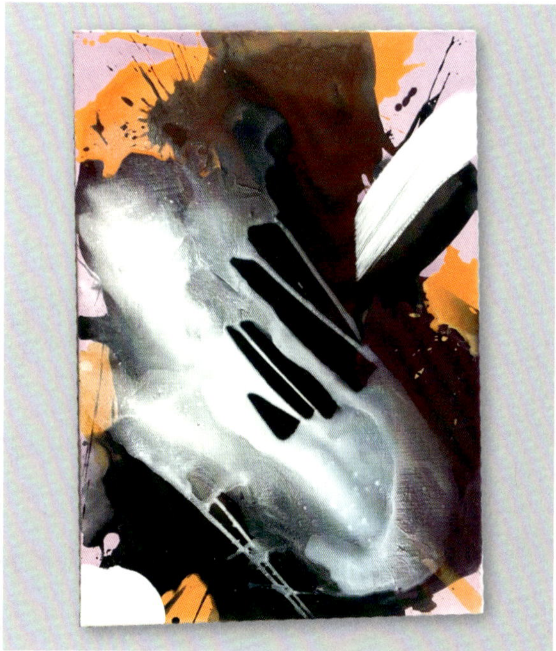

3 Als Nächstes benötigst du die Farben Schwarz und Graublau dunkel. Beide Farben jeweils in einem Becher mit Wasser verdünnen. Die Farben dürfen nicht zu dickflüssig sein. Zuerst arbeitest du mit dem Schwarz. Schütte mit Schwung das Schwarz auf die linke, untere Seite des Bildes. Gib dann auf die noch nasse Farbe das Graublau dunkel. Hebe die Leinwand jetzt etwas an und lass die Farben nach oben hin ineinander laufen. Gearbeitet wird bei diesem Arbeitsgang ohne Spachtel.

4 Ist der Untergrund gut getrocknet, benötigst du ein lasierendes Weiß. Gib wenig von der Farbe Weiß in einen Becher und rühre mit Wasser die Farbe gut auf. Gib an einer Stelle die Farbe aus dem Becher auf die Leinwand. Lass die Farbe etwas auseinander laufen und hebe das Bild kurz schräg auf. Die Farbe sucht sich jetzt ihren Weg. Zu viel Farbe mit dem Papiertuch sofort abnehmen. Danach fügst du mit dem Flachpinsel und einem cremigeren Weiß oben rechts im Bild eine in das Bild laufende Stelle ein. Trocknen lassen

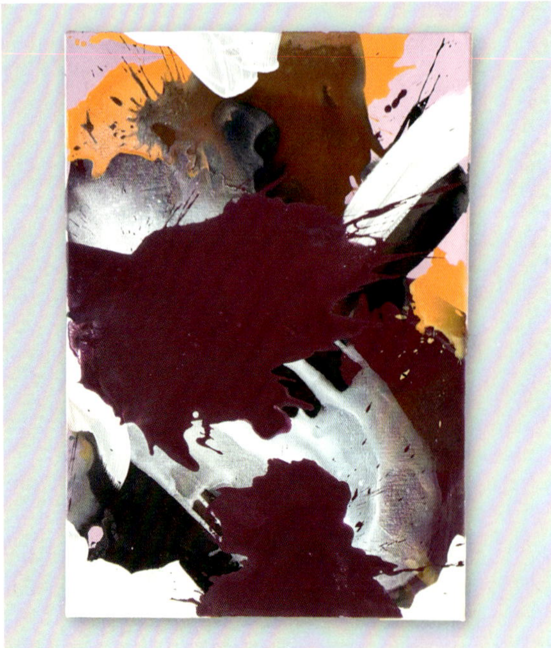

5 Karminrot mit Wasser verdünnt ergibt die nächste Farbschicht. Schütte mit Schwung die Farbe an zwei Stellen auf das Bild.

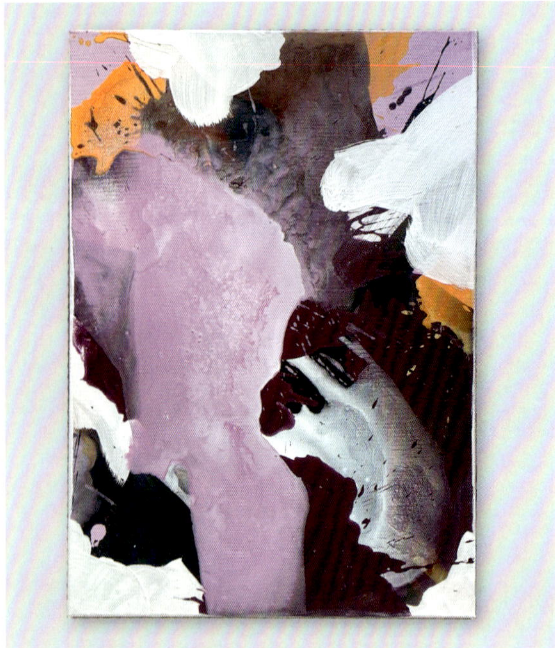

6 Für den nächsten Farbton benötigst du nochmal die Mischung aus Violett hell, Weiß und Wasser. Gestalte damit die nächste Form auf deinem Bild. Lege die Farbe auf die linke Seite der Leinwand auf. Du kannst die Farbe schütten und mit dem Flachspachtel nacharbeiten, bis dir die Form gefällt.

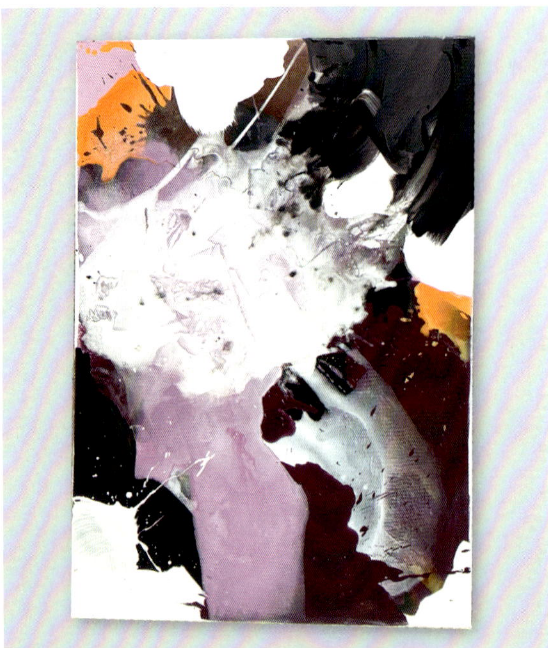

7 Wenn alles getrocknet ist, gestaltest du mit dem Flachpinsel und der Farbe Schwarz oben rechts in der Ecke eine Form. Unten links in der Ecke fehlt dann noch eine kleine Schüttung aus dem Becher mit Weiß. Anschließend erfolgt eine Schicht aus lasierendem Weiß. Lass die Farbe am oberen Teil des Bildes quer darüber laufen. Trocknen lassen.

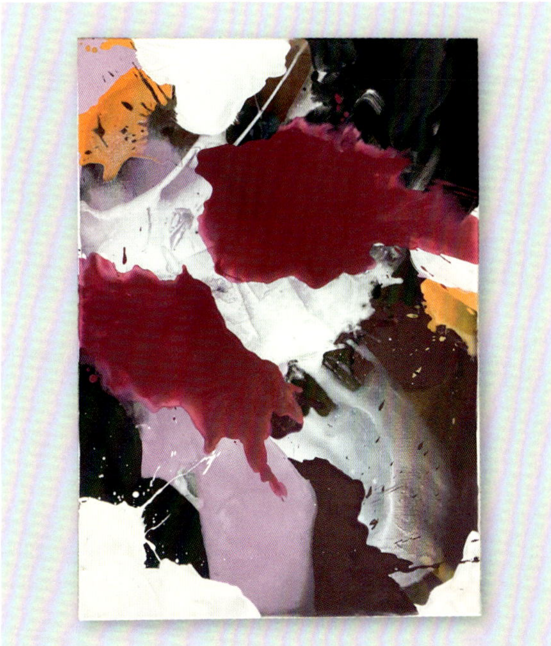

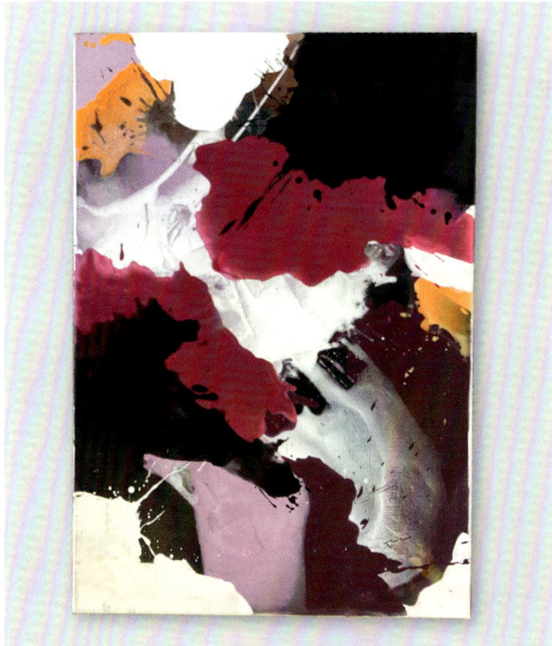

8 Der nächste Farbauftrag erfolgt mit dem Farbton Karminrot gemischt mit Wasser. Gib an zwei Stellen das Karminrot auf die Leinwand und verteile es vorsichtig mit dem Flachspachtel, damit die Farbschicht deckend bleibt.

9 Gut getrocknet, kommt jetzt der letzte Auftrag. Verdünne die schwarze Farbe mit Wasser. Die Farbe darf hierbei gut flüssig sein. Gib etwas von der Farbe in einen extra Becher und schütte diese in die obere rechte Ecke, auch über das Karminrot. Danach leere etwas Schwarz an die untere linke Seite der Leinwand und ziehe sie mit dem Spachtel ins Bild innere hinein. Gestalte dabei eine Form. Trocknen lassen.

INSZENIERUNG IM RAUM

Schicht um Schicht zu einem Kunstwerk, das im Raum als eine Art Inszenierung wirkt. Mit viel Experimentierfreude, Loslassen und der Lust am Malen entstehen einzigartige Bilder, die eine eigene Sichtweise zulassen. Ich arbeite unheimlich gern mit kraftvollen und strahlenden Farben, die in vielen Schichten aufgebaut sind. Eine immer wiederkehrende Herausforderung bei jedem neuen angefangenen Bild.

Malgrund

Leinwand 50 x 70 cm

Material

Flachspachtel
Flachpinsel
kleine Becher
Rührpinsel
Wasser
Papiertuch

Farbe

ACRYLFARBEN

Zitronengelb
Karminrot

AQUARYLIC-FARBEN

Violett hell
Violett
Weiß
Schwarz
Hellgrün
Oxydbraun

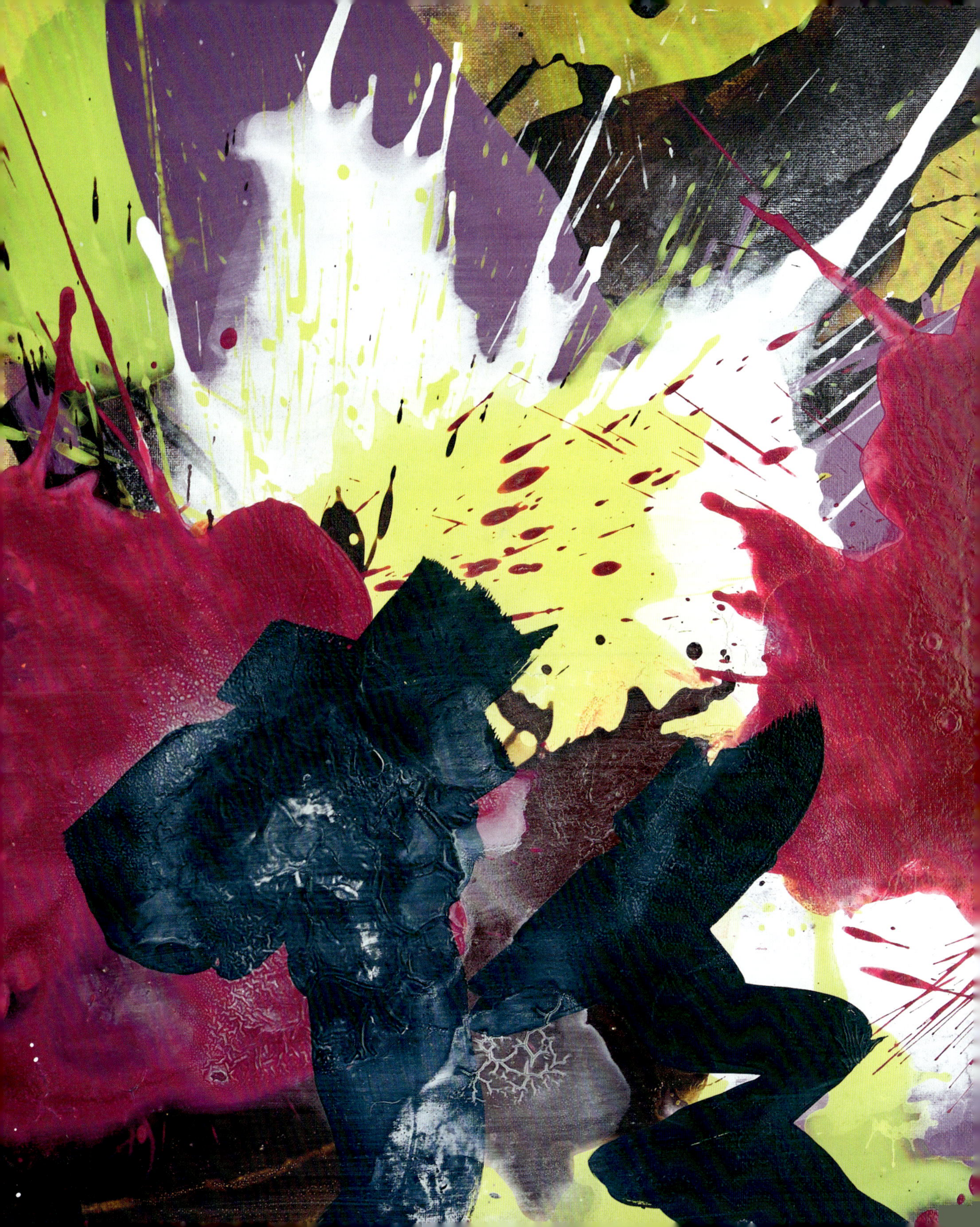

Los geht's

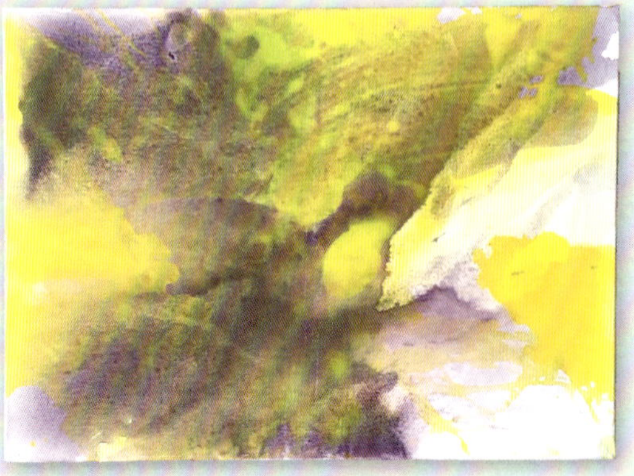

1 Für den Untergrund werden die Farben Violett hell und Zitronengelb mit Wasser verdünnt. Zuerst schüttest du Violett hell auf die Leinwand und lässt die Farbe in unterschiedliche Richtungen laufen. Kurz antrocknen lassen. In die feuchte Farbe gibst du das Zitronengelb. Damit die Farbe sich auf der Leinwand gut verteilt, hebe diese in unterschiedliche Richtungen an. Schön muss dieser Untergrund noch nicht sein, viele andere Schichten werden folgen. Den Untergrund trocknen lassen.

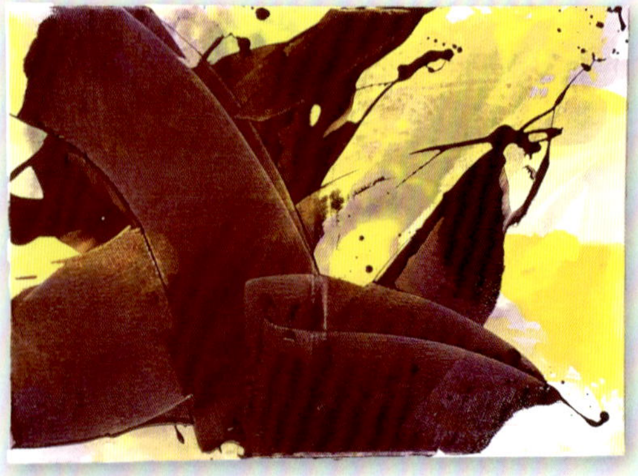

2 Verdünne das Oxydbraun mit wenig Wasser. Schütte an drei Stellen mit etwas Schwung die Farbe auf die Leinwand. Ziehe dann deinen Flachspachtel entgegengesetzt durch die nasse Farbe. Der Untergrund muss trocknen.

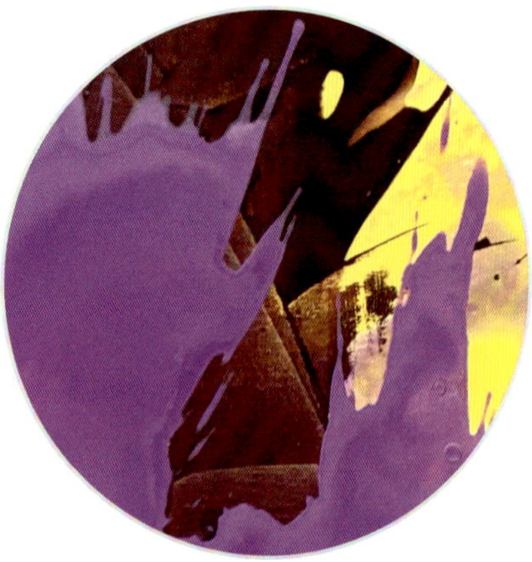

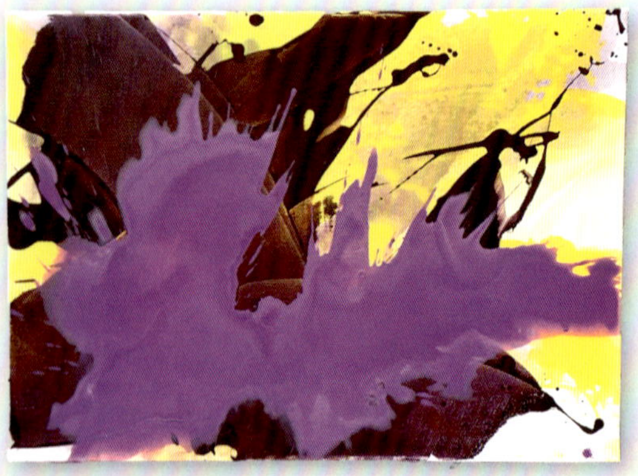

3 Nimm das Violett und verdünne dieses mit Wasser. Gestalte mit dem Flachspachtel ein großes Element direkt auf die oxydbraune Farbe. Jetzt ist wieder Trocknen angesagt.

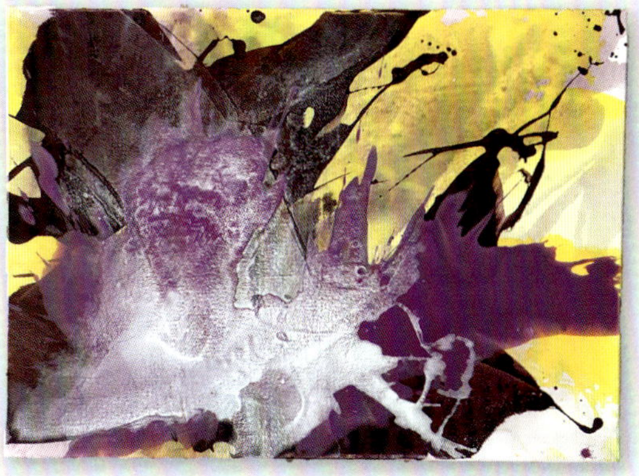

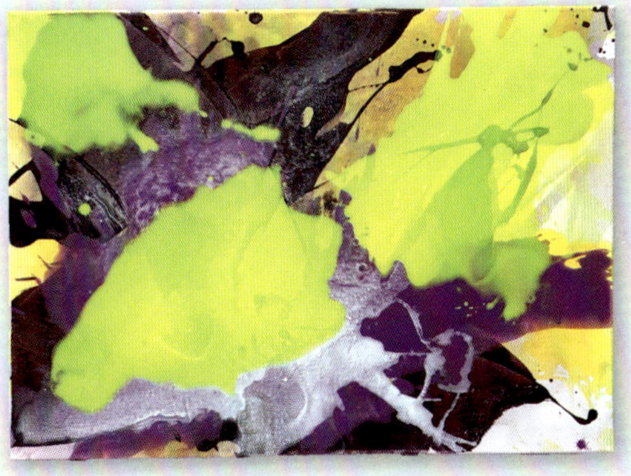

4 Als nächster Arbeitsgang ist eine weiße lasierende Schüttung angesagt. Nimm ein stark verdünntes Weiß direkt aus dem Becher und lass dieses über das Violett laufen. Zu viel weiße Farbe kannst du durch das Auflegen eines Stücks Papiertuch reduzieren. Kurz auflegen und wieder abnehmen. Trocknen lassen.

5 Gib die Farbe Hellgrün in einen Becher und verdünne diese mit Wasser. Die Konsistenz sollte leicht cremig sein. Danach gestaltest du drei Stellen auf der Leinwand.

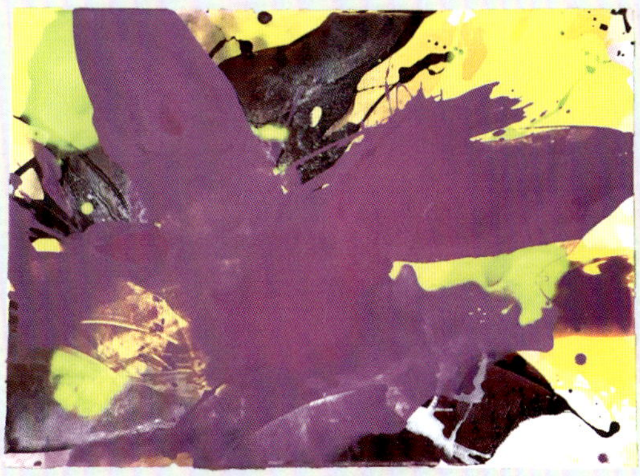

6 Auf das getrocknete Hellgrün kommt eine Schicht mit Violett. Gestalte mit der Farbe eine größere und deckende Fläche.

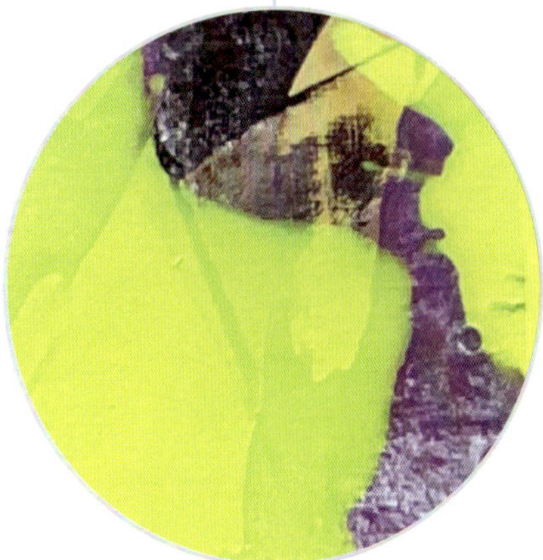

7 Über diese getrocknete Farbschicht schüttest du dann ein verdünntes Weiß aus dem Becher mit Schwung auf die linke Seite des Bildes und lässt alles trocknen.

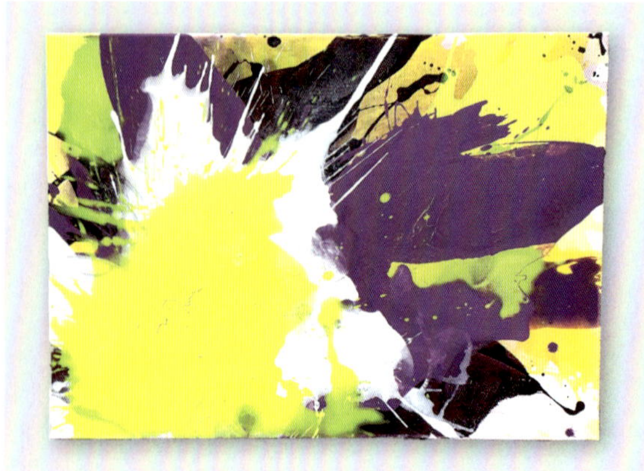

8 Genau denselben Arbeitsgang wiederholst du jetzt mit dem Zitronengelb. Gib die Farbe direkt aus dem Becher großzügig auf den linken Bereich der Leinwand. Du kannst die Farbe durch das Bewegen der Leinwand in Form bringen. Trocknen lassen.

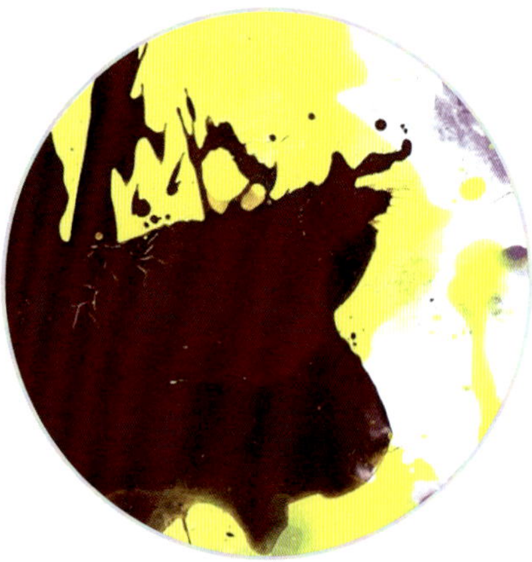

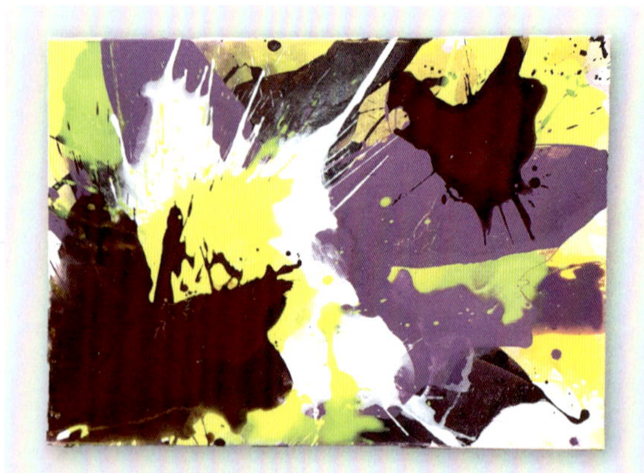

9 Jetzt verdünne das Qxydbraun mit Wasser und schütte eine größere Stelle unten links auf. Danach nimmst du weniger von dem Oxydbraun in deinen Becher und machst damit eine kleinere Schüttung oben rechts.

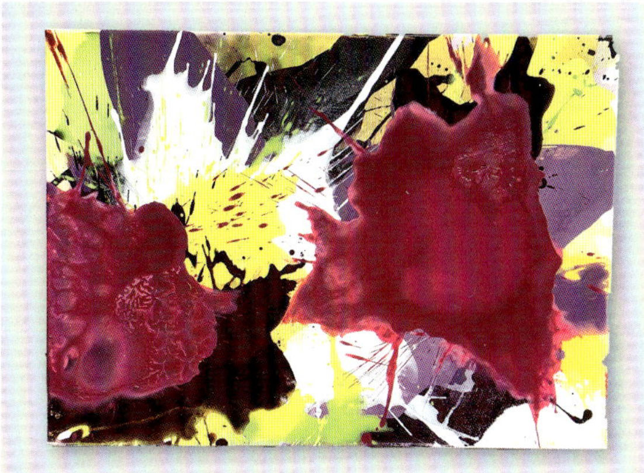

10 Ist die Farbe gut getrocknet, wird die nächste Schicht mit der Farbe Karminrot aufgetragen. Das Karminrot mit Wasser vermischen und am linken unteren Bildrand sowie auf der rechten Seite auftragen. Nimm dazu die Farbe direkt aus dem Becher und schütte diese mit etwas Schwung auf die Stellen. Der Becher sollte bei einer Schüttung etwa ein Viertel gefüllt sein. Natürlich sollte man da immer abwägen, wie groß die Fläche sein soll.

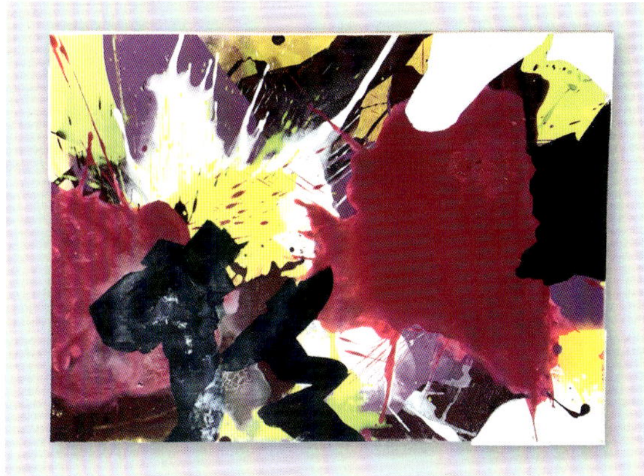

11 Zuletzt wird auf das getrocknete Bild oben rechts mit dem Flachinsel ein weißes Element gestaltet. Für diesen Auftrag das Weiß nur mit wenig Wasser verdünnen. Anschließend setzt du mit einem leicht verdünnten Schwarz und deinem Pinsel zwei Elemente auf die Leinwand. Gestalte diese so, dass sie reichlich ins Bild gezogen werden. Wenn wieder alles gut getrocknet ist, nimmst du ganz wenig stark verdünntes Weiß und lässt dieses vorsichtig auf die untere schwarze Stelle laufen. Nimm ein Papiertuch und nimm fast die ganze Farbe wieder ab. Es soll nur ein Hauch von Weiß auf dem Schwarz stehen bleiben.

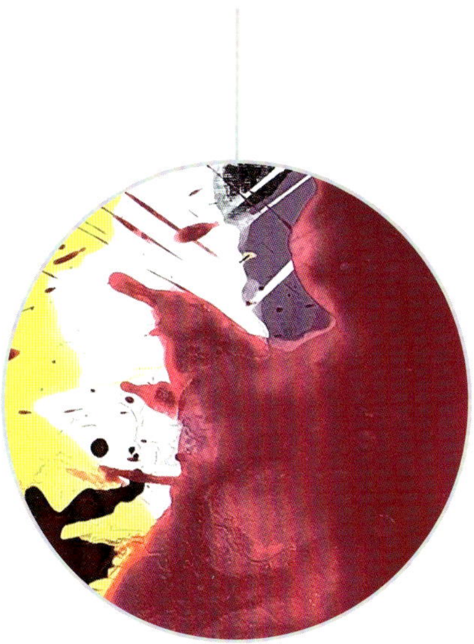

DYNAMIK

Farbauswahl in der Malerei, die Farben miteinander zu kombinieren und umzusetzen, ist eine Herausforderung. In meiner Technik entwickelt sich eine Spannung, die Energie freisetzt. Ein Kunstwerk mit viel Dynamik sieht nie langweilig oder uninteressant aus und zieht den Betrachter in seinen Bann. Wichtig ist dabei auch, dass sich die Gegensätze in Form und Farbe im fertigen Bild in Harmonie vereinen.

Malgrund

Leinwand 80 x 80 cm

Material

Flachspachtel
Flachpinsel
kleine Becher
Rührpinsel
Wasser

Farbe

ACRYLFARBE

Karminrot

AQUARYLIC-FARBEN

Echtviolett hell
Echtviolett
Schwarz
Weiß

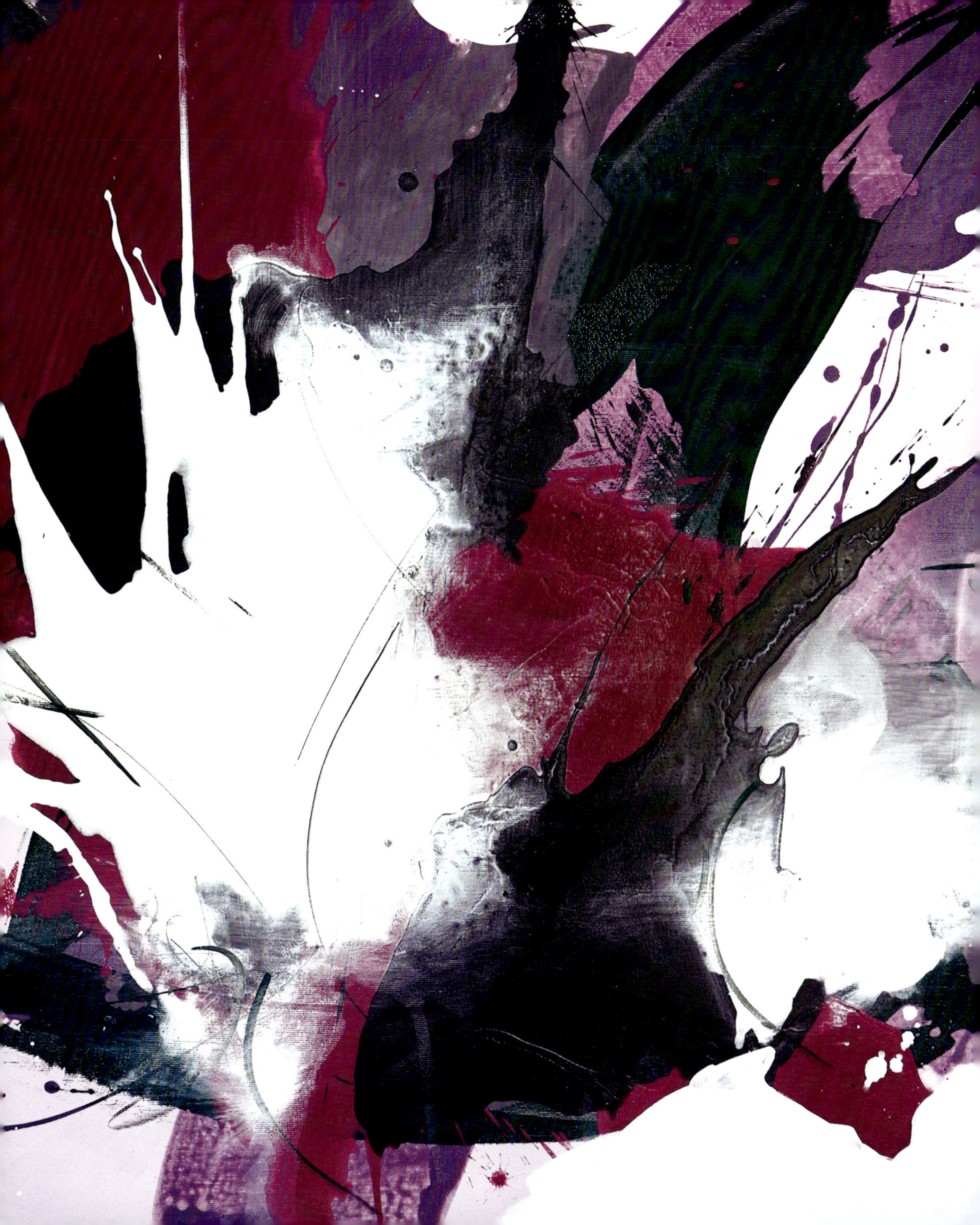

Los geht's

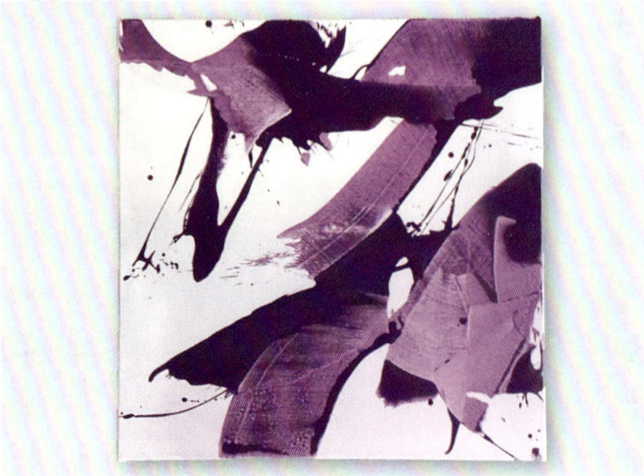

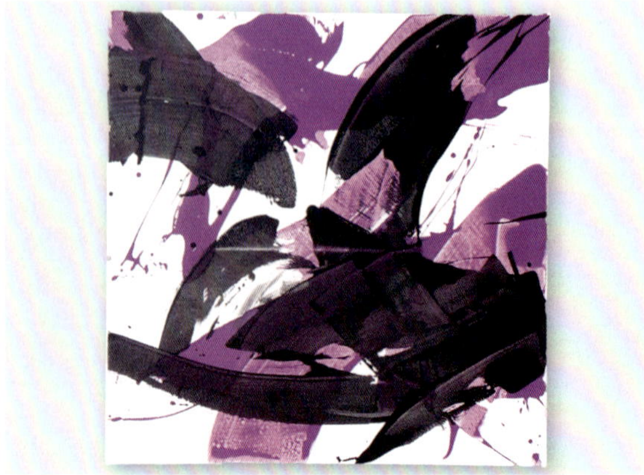

1 Grundiere deine Leinwand mit Echtviolett hell vor und lass die Farbe trocknen. Mische Violett mit Wasser auf. Schütte aus dem Becher an drei Stellen die Farbe mit Schwung auf die Leinwand. Dann ziehst du mit dem Flachspachtel mehrmals durch die Farbe. Halte den Spachtel dabei leicht schräg.

2 Nach dem Trocknen verdünnst du Schwarz mit etwas Wasser, sodass die Farbe noch eine eher feste Konsistenz behält. Lege die Farbe über das Violett, indem du sie an zwei Stellen auf die Leinwand laufen lässt und mit dem Flachspachtel arbeitest. Gestalte dabei Formen, die sich miteinander verbinden.

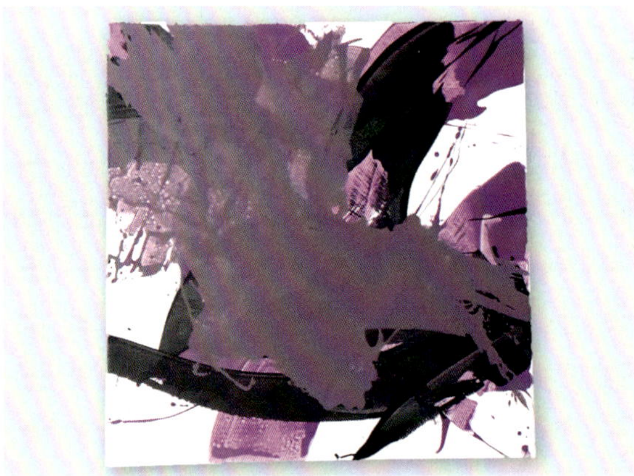

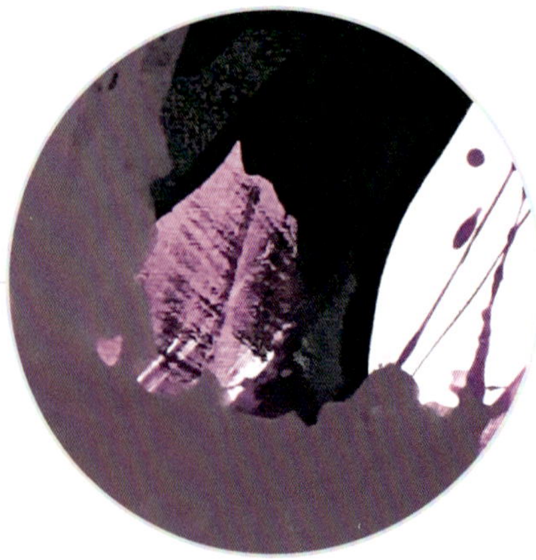

3 Wenn alles getrocknet ist, wird die nächste Schicht mit Echtviolett gestaltet. Mische die Farbe mit etwas Wasser und verteile diese wieder mit dem Flachspachtel. Überdecke dabei ca. die Hälfte des Bilds und lass diese Farbschicht wieder trocknen.

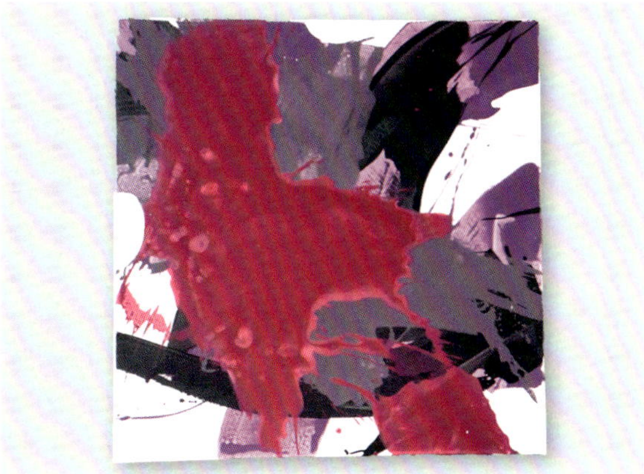

4 Über das Violett wird dann ein Karminrot gesetzt. Verdünne das Karminrot und gestalte wieder eine deckende Form mit dem Spachtel. Unten am Bildrand gestaltest du zusätzlich eine kleine Form in derselben Farbe. Trocknen lassen.

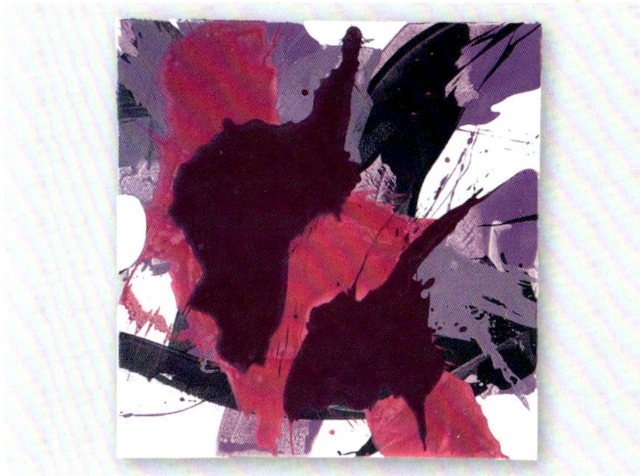

5 Nimm jetzt die Farbe Echtviolet, verdünne sie etwas mit Wasser und trage sie an zwei Stellen direkt aus dem Becher auf die Leinwand. Gestalte die Formen mit dem Flachspachtel.

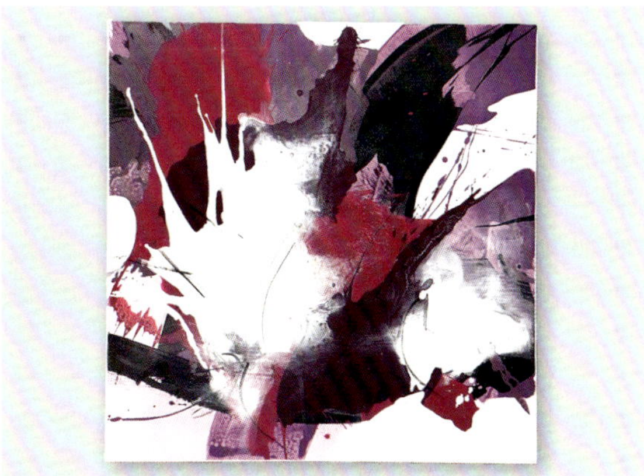

6 Sind die Farbschichten gut getrocknet, werden zwei weiße Schüttungen direkt aus dem Becher gemacht. Verdünne dafür das Weiß mit Wasser. Die Farbe soll eher flüssig, aber nicht lasierend sein. Zuviel gewordene Spritzer oder Flächen tupfst du vorsichtig mit einem Papiertuch vom Bild.

VORBEREITUNGEN

Setzte zuletzt noch mit dem kleinen Rührpinsel einige schwungvolle schwarze Linien ins Bild.

Unberechenbares
SPIEL DER FARBEN

Reste von Farben verbleiben öfters mal im Becher. Um diese schnell zu verbrauchen, arbeite ich bei diesem Projekt mit keinerlei Farben meiner Wahl, sondern nehme das, was auf meinem Arbeitstisch bereitsteht. Und ich möchte euch dazu ermuntern, dieses Farben-Experiment auszuprobieren – es macht richtig Spaß! Für so unberechenbares Farbenspiel nehme ich kleine Leinwände, die ich später einrahme.

Malgrund

Leinwand 30 x 40 cm
Objektrahmen mit Glas

Material

Farbreste im Becher
3 alte Pinsel
kleine leere Farbtube
Spachtelmasse
Flachpinsel
Flachspachtel

Farbe

Alle Farben (und Farbreste), die noch auf deinem Arbeitsplatz stehen

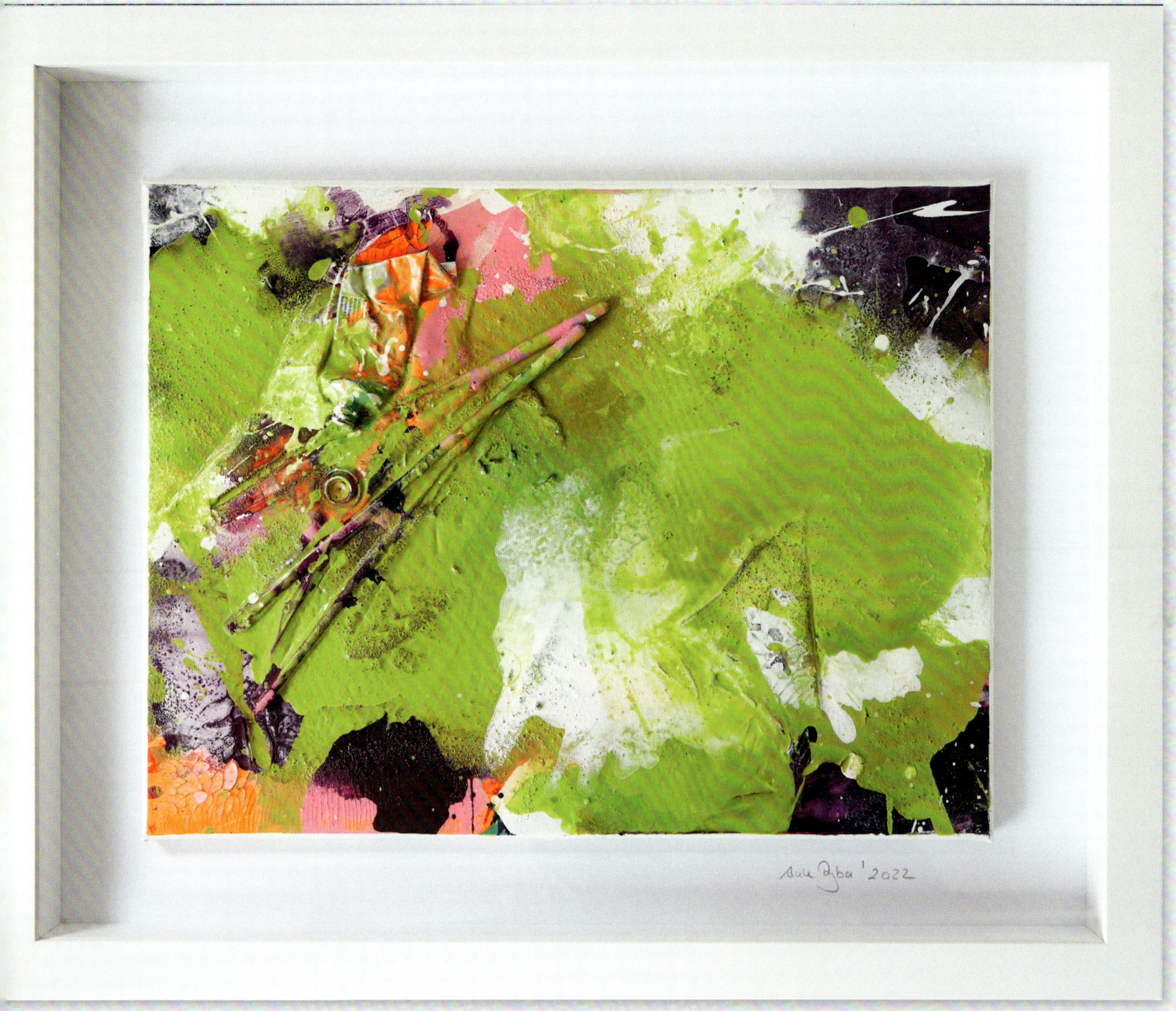

Los geht's

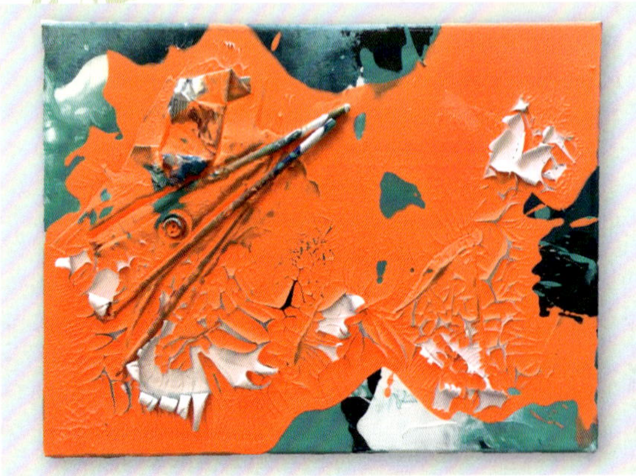

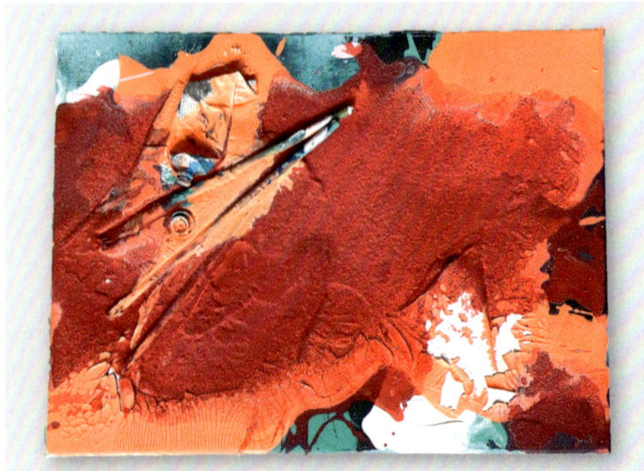

1 Zu allererst bringst du etwas Spachtelmasse an einer Stelle deiner Wahl auf. In die nasse Masse drückst du dann deine Pinsel und die leere Tube. Trage dann nach und nach weitere Farben auf. Gut wirkt es auch, wenn du eine halbtrockene Farbschicht zurückschälst, um die darunter liegenden Schichten sichtbar zu machen. Beginne mit Schwarz, gestalte einige Flächen nach außen hin mit deinem Flachpinsel und lass es trocknen.

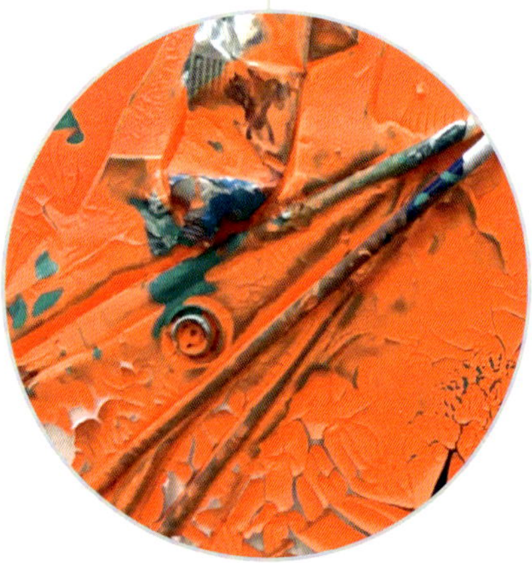

2 Jetzt kannst du mit den Farben beginnen. Nach jeder Farbschicht, die du aufgetragen hast, solltest du diese trocknen lassen. Arbeite mit der Farbe direkt aus dem Becher. Schütte oder leere die Farben auf die Leinwand. Gestalte Formen mit Farbe. Auf meinen Bildern sieht man die Entwicklung meines Bildes. Du kannst so viele Schichten auftragen, bis dir dein Ergebnis gefällt. Ist dein Werk richtig ausgetrocknet, kommt ein Schlussfirnis darüber. Das schützt die Farben vor Umwelteinflüssen. Du wirst sehen, dass der Firnis die Farben mehr erstrahlen lässt, zusätzlich bekommt dein Bild einen leichten Glanz. Lege dein Kunstwerk dann in den Objektrahmen.

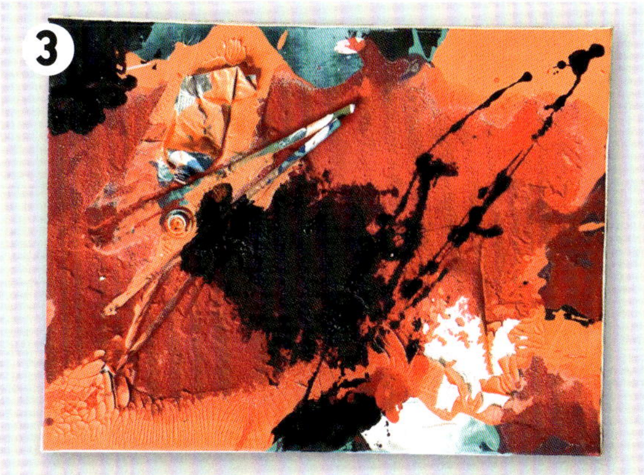
3

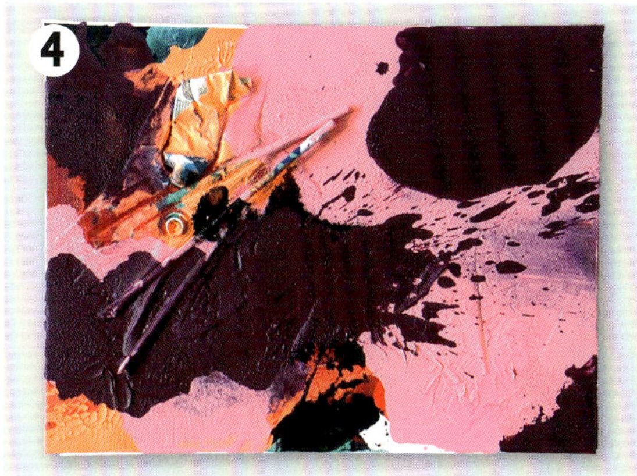
4

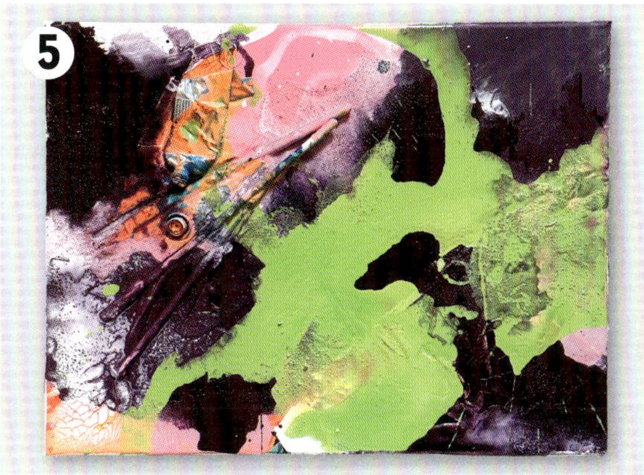
5

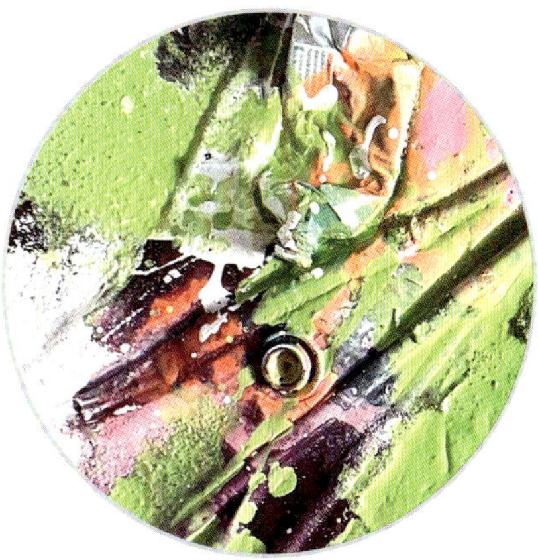

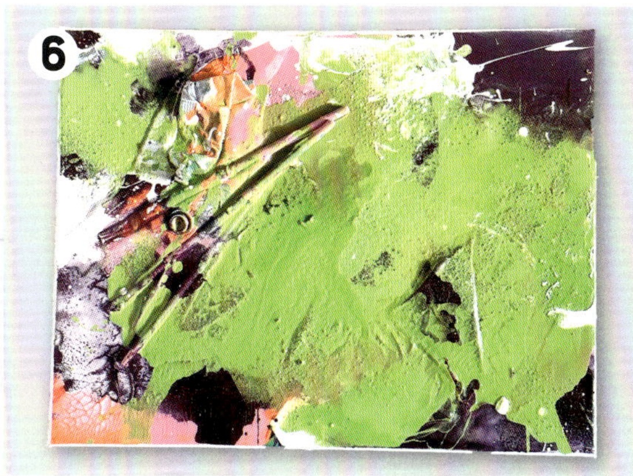
6

KRAFTVOLLE TIEFE

Durch viele Schichten von Farben entsteht eine kraftvolle Tiefe. Diese Wirkung tritt durch den Einfluss von Licht, Farbe und Linien auf und beruht auf einer optischen Täuschung. Satte Farben treten dabei in den Vordergrund, wobei milchige eher in den Hintergrund rücken. Eine weitere Wirkung kommt hinzu, wenn du im Vordergrund große Formen anlegst, die nicht ganz ins Bild passen, angeschnitten sind.

Malgrund

Leinwand 60 x 40 cm

Material

Flachspachtel
Flachpinsel
kleine Becher
Rührpinsel
Wasser
Papiertuch

Farbe

ACRYLFARBE

Hautfarben

AQUARYLIC-FARBEN

Rot
Orange
Karminrot
Krapprot
Palisander
Weiß
Schwarz

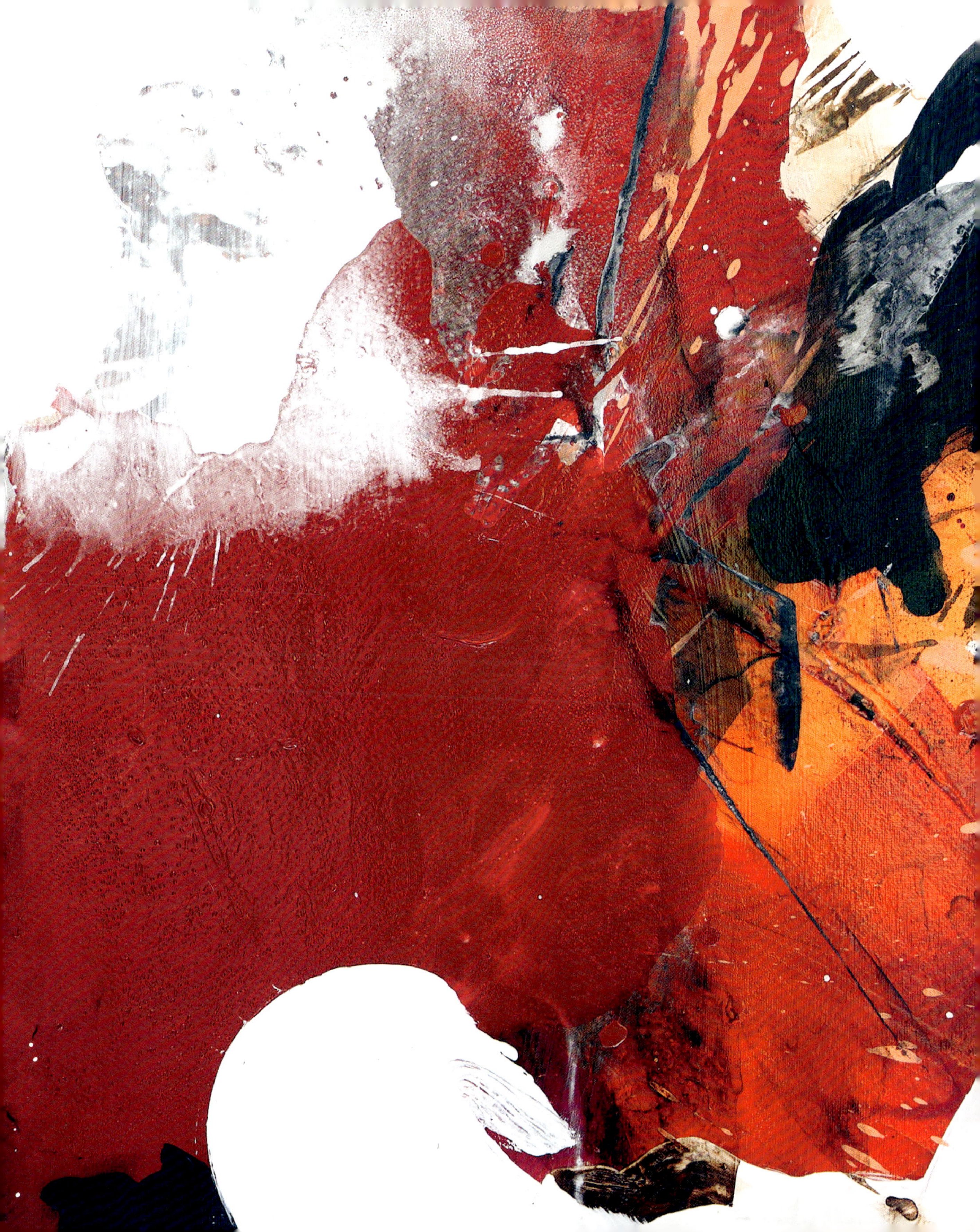

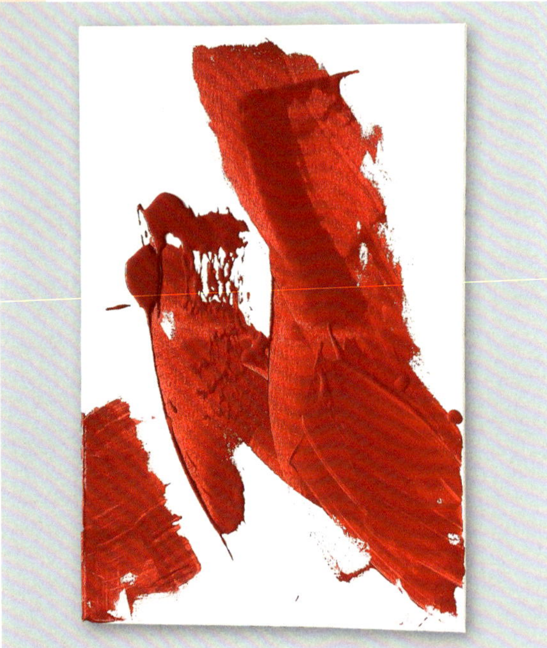

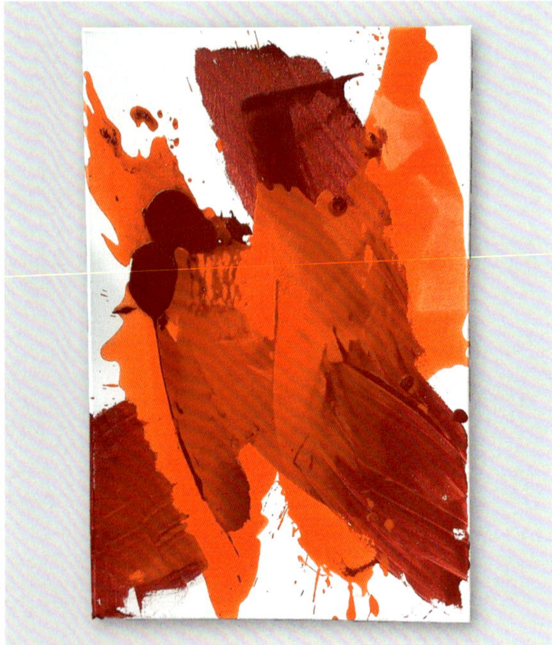

1 Nimm Rot, verdünne die Farbe mit etwas Wasser und rühre diese gut auf. Die Konsistenz soll noch fest sein. Lass die Farbe aus dem Becher an drei Stellen auf die Leinwand laufen. Anschließend nimmst du deinen Flachspachtel und verteilst das Ganze mit zügigen Bewegungen. Bedecke dabei nicht die komplette Leinwand. Trocknen lassen.

2 Den gleichen Arbeitsschritt machst du dann mit der Farbe Orange.

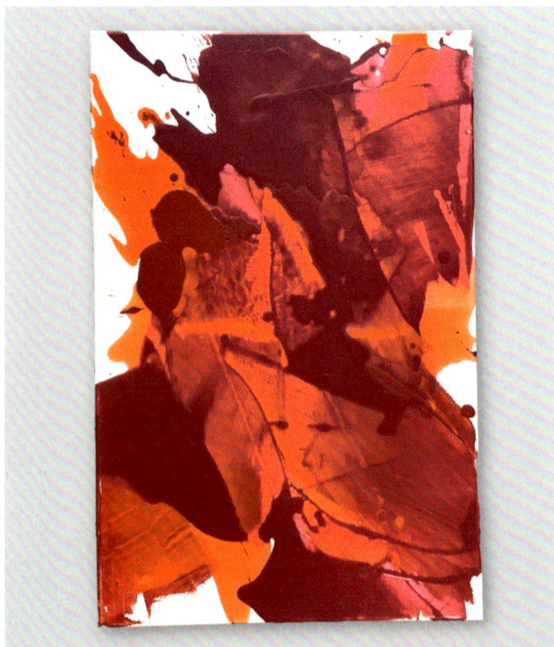

3 Ist das Orange getrocknet, wiederholst du denselben Schritt mit einem verdünnten Karminrot.

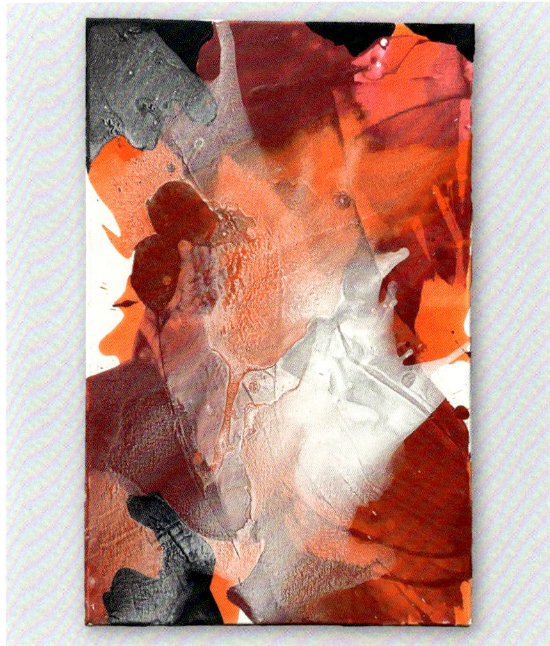

4 Gestalte mit deinem Flachpinsel und einem verdünnten Schwarz oben links und unten links zwei Elemente.

5 Verdünne im Becher Weiß mit viel Wasser. Das Weiß soll lasierend sein. Schütte jetzt eine kleine Menge auf das Bild, hebe es an und lass die Farbe nach oben ablaufen.

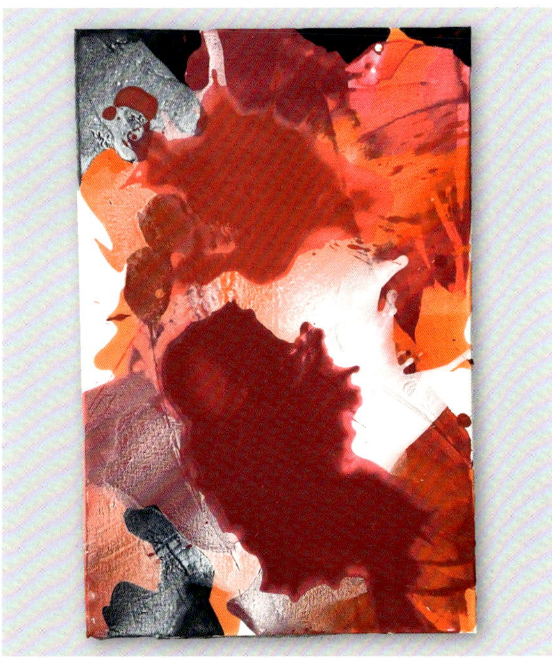

6 Wenn die Farbe trocken ist, rühre dir Karminrot mit Wasser an und schütte es auf die weiße Fläche. Einige Stellen sollen aber trotzdem sichtbar bleiben.

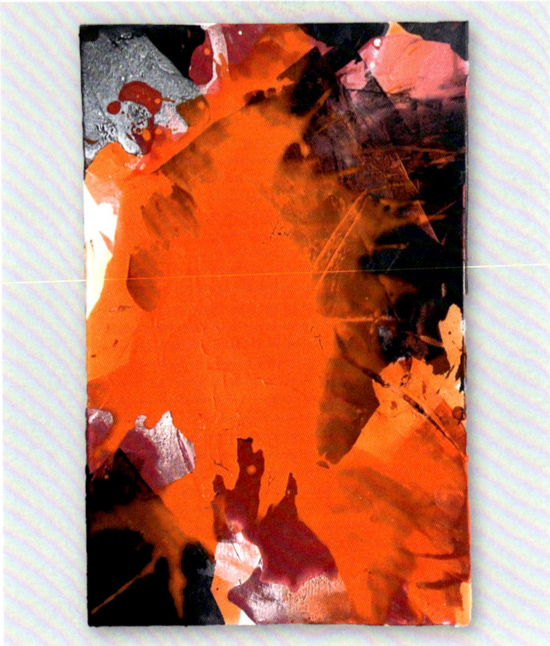

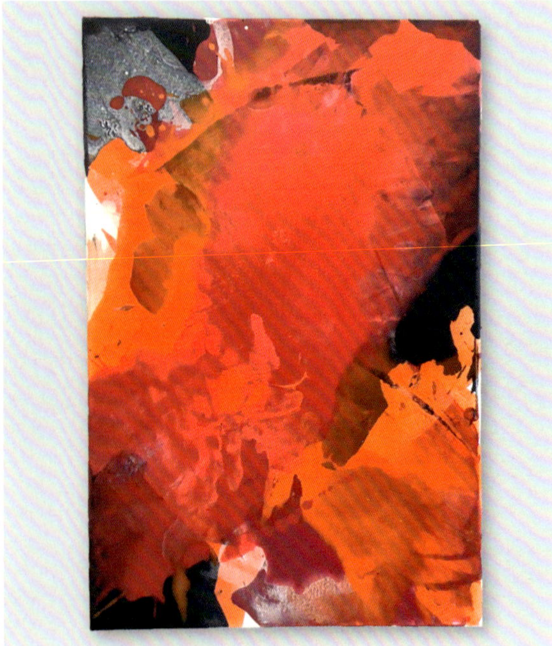

7 Bei diesem Arbeitsschritt arbeitest du jetzt nass in nass. Zuerst verteilst du mit dem Spachtel Schwarz am rechten oberen Bildrand und ziehst die Farbe in Richtung Bildmitte leicht nach unten. Schütte anschließend ein verdünntes Orange auf. Das Schwarz etwas stehen lassen. Dann muss alles gut trocknen.

8 Verdünne das Rot mit reichlich Wasser und lass es durch Anheben und Hin-und-Herbewegen der Leinwand in unterschiedliche Richtungen laufen.

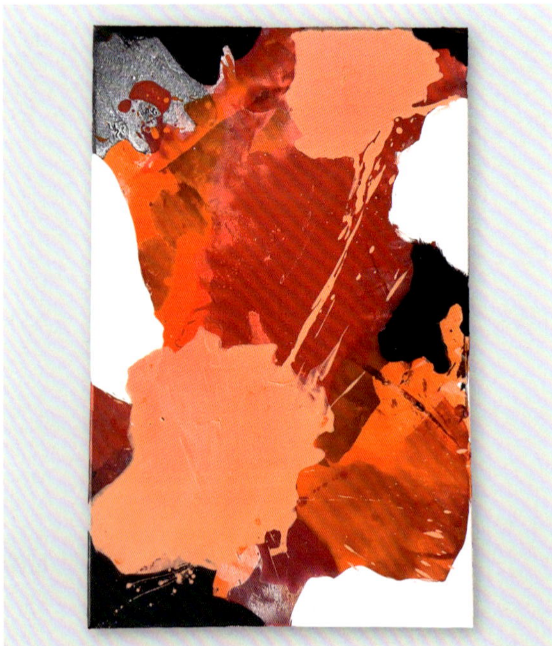

9 Ist alles wieder getrocknet, nimmst du deinen Flachpinsel und gestaltest mit einem leicht verdünnten Weiß zwei Elemente: links außen und rechts oben. Wenn das Weiß angetrocknet ist, mische dir eine Farbe aus Haufarben und etwas Rot zusammen. Gestalte damit zwei Formen, indem du die Farbe direkt aus dem Becher laufen lässt, mit dem Flachspachtel verteilst und einige Spritzer setzt.

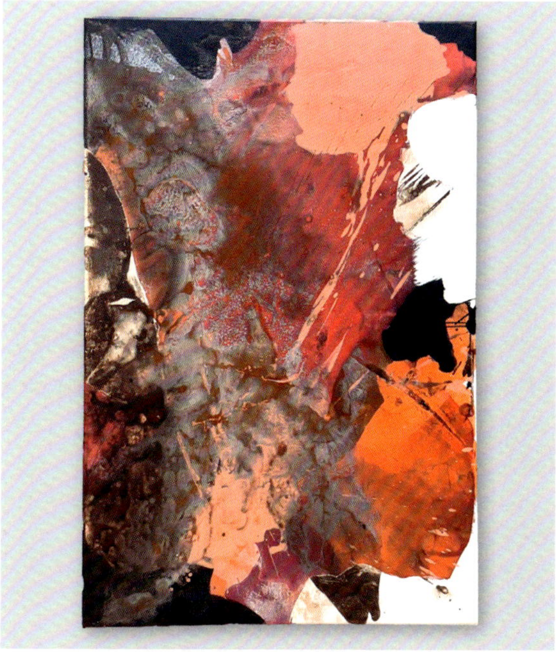

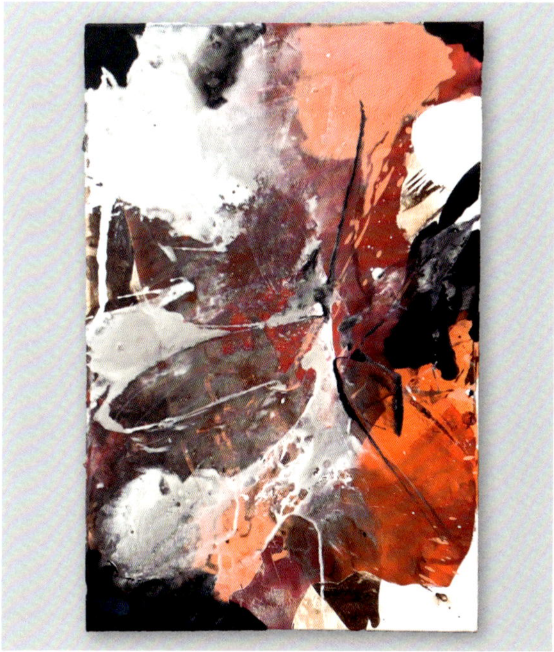

10 Für den nächsten Auftrag benötigst du verdünntes Palisander, das sich gut schütten lässt. Also darf es nicht zu dick sein. Nimm den Becher mit der Farbe, lass diese direkt auf die linke Seite der Leinwand laufen und verteile das Ganze mit dem Flachspachtel. Ist die Farbe vom Auftrag zu dick, kannst du aus einem Behälter Wasser drüber laufen lassen. Zu viel von Farbe und Wasser ist kein Problem. Hebe das Bild nach einer Seite an und lass einiges davon ablaufen. Gut trocknen lassen.

11 Auf die trockenen braunen Stellen trägst du ein lasierendes Weiß durch Schütten auf. Zuv iel weiße Farbe tupfst du mit einem Papiertuch wieder ab.

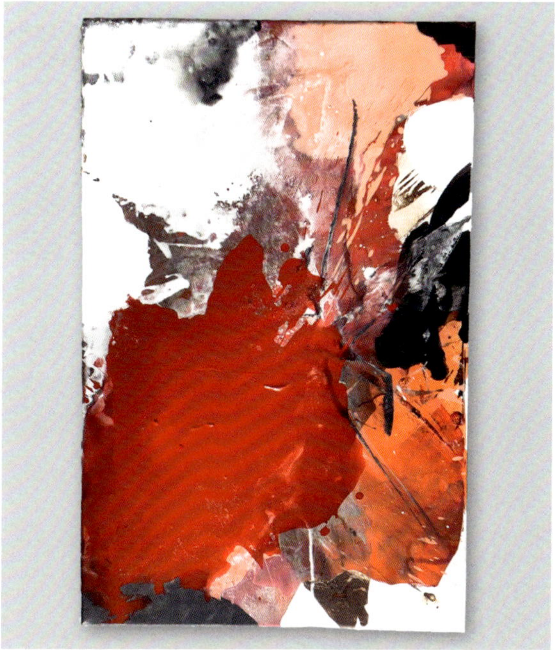

12 Auf die getrocknete Leinwand wird die nächste Farbauswahl Krapprot sein. Arrangiere eine große Fläche quer über die Leinwand. Nach der Trocknung richte dir ein leicht cremiges Weiß an und lege dir links im Bild eine Fläche an.

INNERE RUHE

Inspiriert durch Himmel und Meer. Blaue Kunstwerke geben mir innere Ruhe. Erinnerungen an einen schönen Urlaub werden wach. Mein Blick auf ein blaues Bild lässt mich in die Ferne schweifen und kommt mir so vertraut vor. Die Farbe Blau gilt allgemein als beruhigend, kann aber auch Kälte und Distanz bedeuten. Tauche ein in die kühlste, vielseitigste und reinste Farbe, die es gibt – die Farbe Blau!

Malgrund

Leinwand 50 x 70 cm

Material

Flachspachtel
Flachpinsel
kleiner Rührpinsel
kleine Becher
rundes Gefäß
kleiner Spachtel
Graumehl von Aquarylic
Binder
Wasser
Kohlestift
Papiertuch

Farbe

AQUARYLIC-FARBEN

Blau
Tiefblau
Eisblau
Schwarz
Weiß

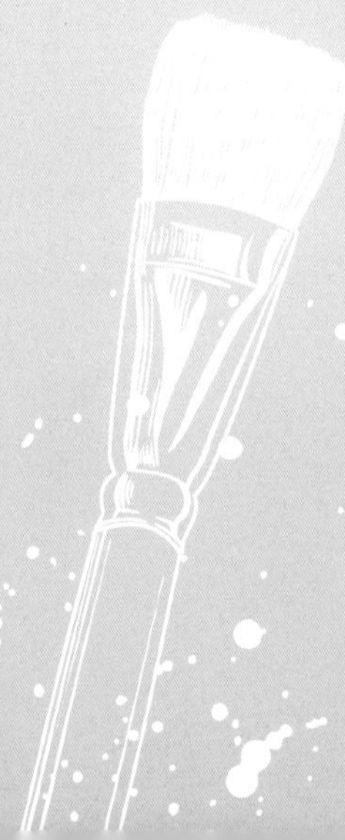

Los geht's

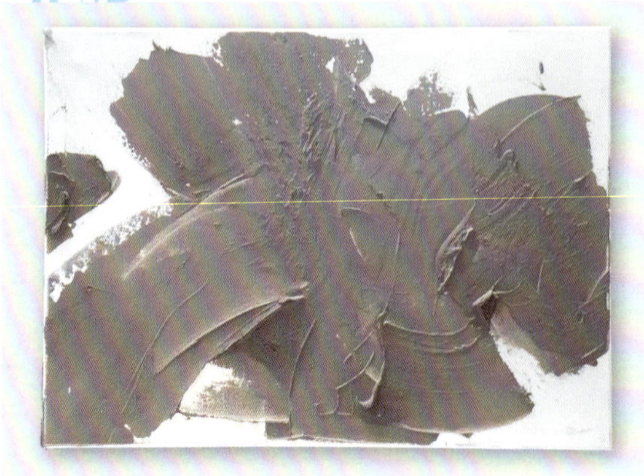

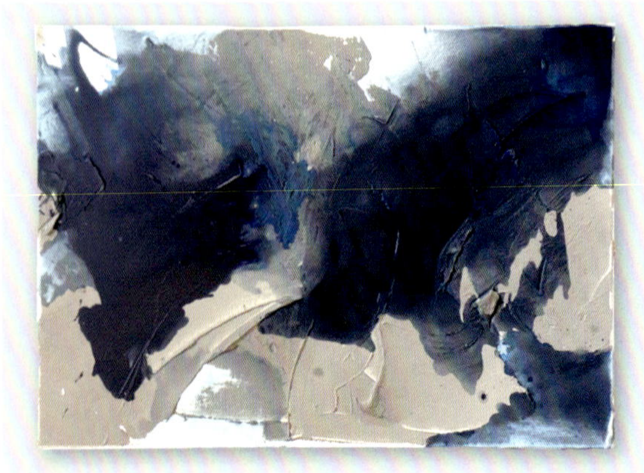

1 Zuerst mischt du dir das Graumehl mit Binder und etwas Wasser zu einer cremigen Masse zusammen. Gib die Steinmehl-Masse auf die Leinwand und verteile sie mit dem Flachspachtel. Lass die Masse über Nacht trocknen.

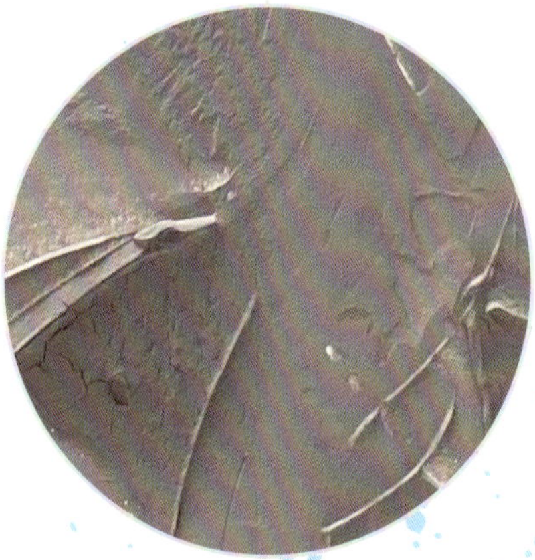

2 Mische dir die Farbe Schwarz mit Wasser in einem Becher an. Die Konsistenz sollte flüssig, aber dennoch deckend sein. Gib das Schwarz auf zwei Stellen der Leinwand und verteile es mit dem Spachtel. Alternativ kannst du die Farbe auch durch das bewegen des Bildes in Form bringen. Wenn die Farbe leicht angetrocknet ist, kannst du gleich weitermachen. Nimm den Farbton Tiefblau und rühre diesen gründlich mit viel Wasser auf, um einen lasierenden Effekt zu bekommen. Lass die Farbe vom Becher aus auf die Leinwand laufen. Durch das Bewegen der Leinwand verteilst du Stellen.

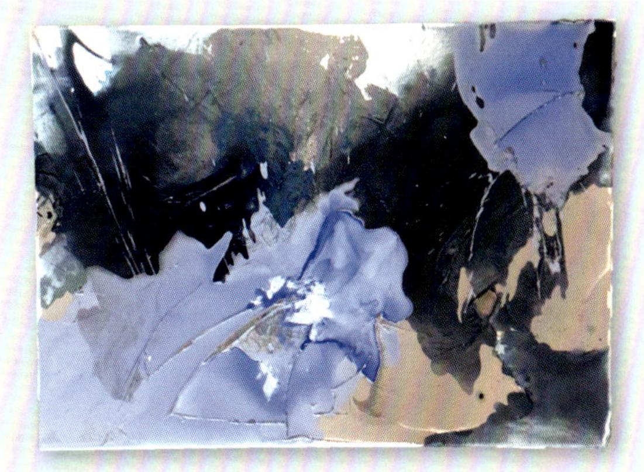

3 Ist alles gut getrocknet, kommt als Nächstes Blau aufs Bild. Vermische das Blau mit reichlich Wasser und gestalte wieder zwei Formen auf der Leinwand. Trocknen lassen.

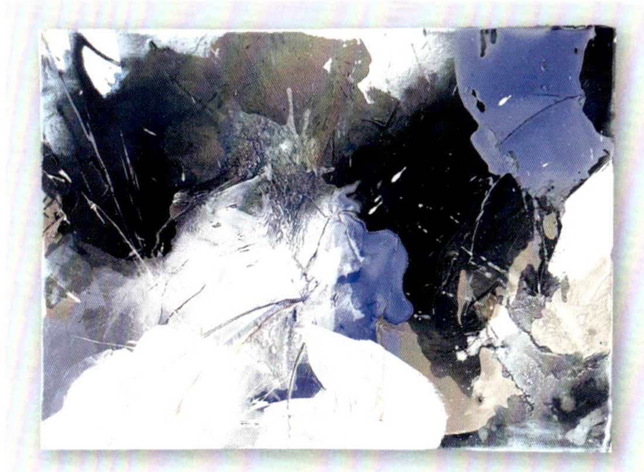

4 Nimm als nächstes Weiß und mische es mit reichlich Wasser an. Gut aufrühren. Dieses lasierende Weiß schüttest du auf den unteren und mittleren Teil des Bildes. Danach nimmst du deinen Flachpinsel und malst einige Formen an den äußeren Rändern.. Alles muss wieder trocken sein, um die nächste Farbschicht aufzubauen.

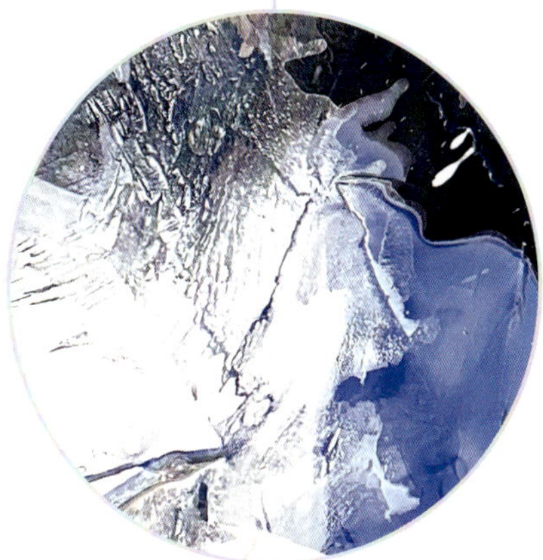

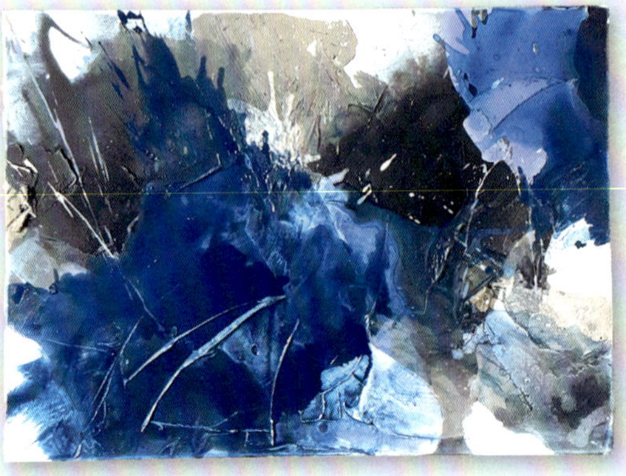

5 Die Farbe Blau mit Wasser anrühren. Der Auftrag soll lasierend sein. Du kannst die Farbe direkt aus dem Becher mit Schwung an zwei Stellen auf die Leinwand bringen. Trocknen lassen.

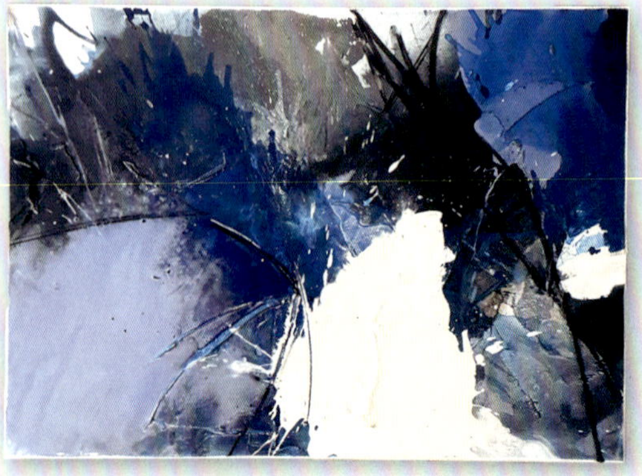

6 Als Nächstes benötigst du die Farben Eisblau und Weiß. Rühre dir das Eisblau wieder in einem Becher mit Wasser an und schütte es auf die linke untere Ecke über das Blau. Anschließend kannst du mit dem Becher eine weiße Schicht Farbe auftragen. Sollte dieser Auftrag in Weiß zu lasierend sein, kannst du mit dem Flachpinsel mehr von dem Weiß auftragen. Lege dir einige Kohlestriche oben rechts im Bild an.

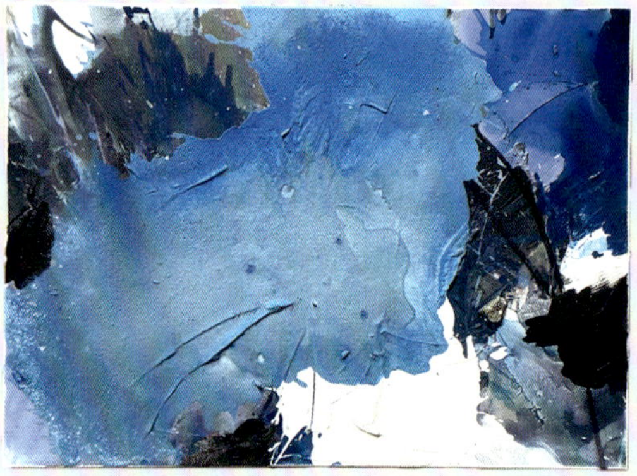

7 Schütte eine große Stelle mit Blau quer über die Leinwand. Zu viel Farbe kannst du nach oben ablaufen lassen. Anschließend erstellst du eine Mischfarbe aus Weiß und Blau und schüttest diese über das Blau. Lege dann an drei kleinen Stellen der Leinwand schwarze Flächen mit dem Pinsel an.

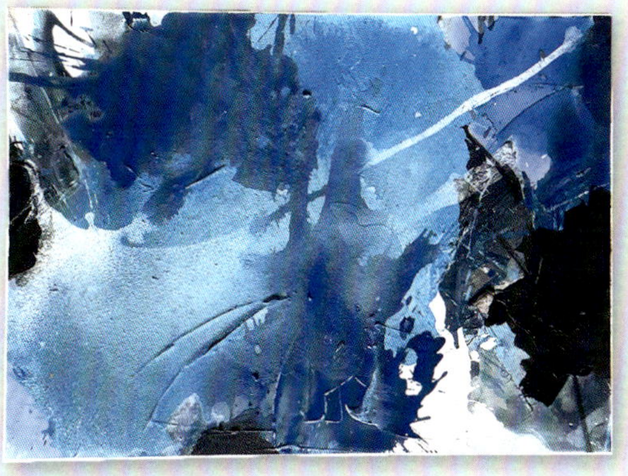

8 Nach der Trocknung geht es weiter mit einem lasierenden Weiß. Gib auf die linke mittlere Seite etwas Weiß. Hebe die Leinwand nach rechts auf und lass das flüssige Weiß ablaufen. Zu viel Farbe mit einem Papiertuch abnehmen. Verdünne danach im Becher die Farbe Blau mit Wasser. Schütte mit Schwung die Farbe auf: eine Stelle am oberen linken Teil des Bildes und mittig am unteren Teil des Bildes.

9 Für den letzten Farbauftrag mit Tiefblau muss der Untergrund getrocknet sein. Verdünne das Tiefblau in einem Becher mit Wasser. Die Farbe soll flüssig, aber noch deckend sein. Mach dann eine Schüttung mit Schwung in die Mitte der Leinwand, damit Spritzer entstehen können. Anschließend nimmst du nochmals Blau und verdünnst es mit Wasser. Dieses Blau schüttest du an die rechte äußere Seite. Die Farben sollen sich immer etwas überlappen. So entstehen immer wieder neue Formen.

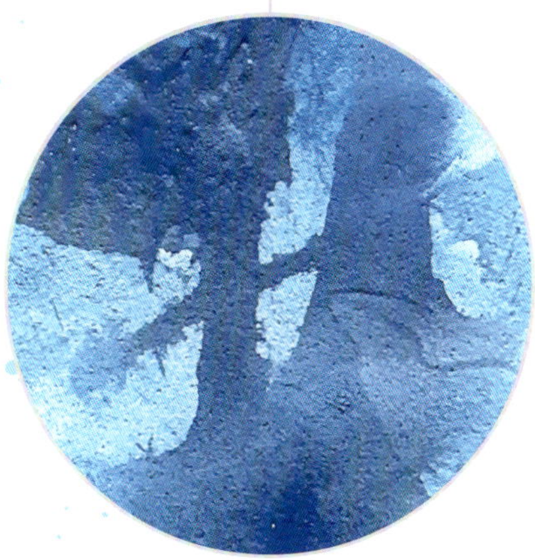

IMPULSIV ARBEITEN

Wie Formen und Farben zueinander stehen, erlebe ich bei jedem neuen Kunstwerk immer wieder neu. Die eigene Bildsprache entwickelt sich immer weiter, indem ich impulsiv mit dem Medium Farbe arbeite. Entstandene Flächen werden überarbeitet, sodass Anordnungen der Farben stets neu entstehen können. Loslassen und sich intensiv auf das Abenteuer „Abstrakt malen" einlassen, bedeutet für mich Freiheit.

Malgrund

Leinwand 40 x 50 cm

Material

Flachspachtel
Flachpinsel
kleine Rührpinsel
kleine Becher
Papiertuch
Wasser

Farbe

ACRYLFARBEN

Neonpink
Neonrot
Neonorange

AQUARYLIC-FARBEN

Mittelgrün
Maigrün
Viridian-Grün
Schwarz
Weiß

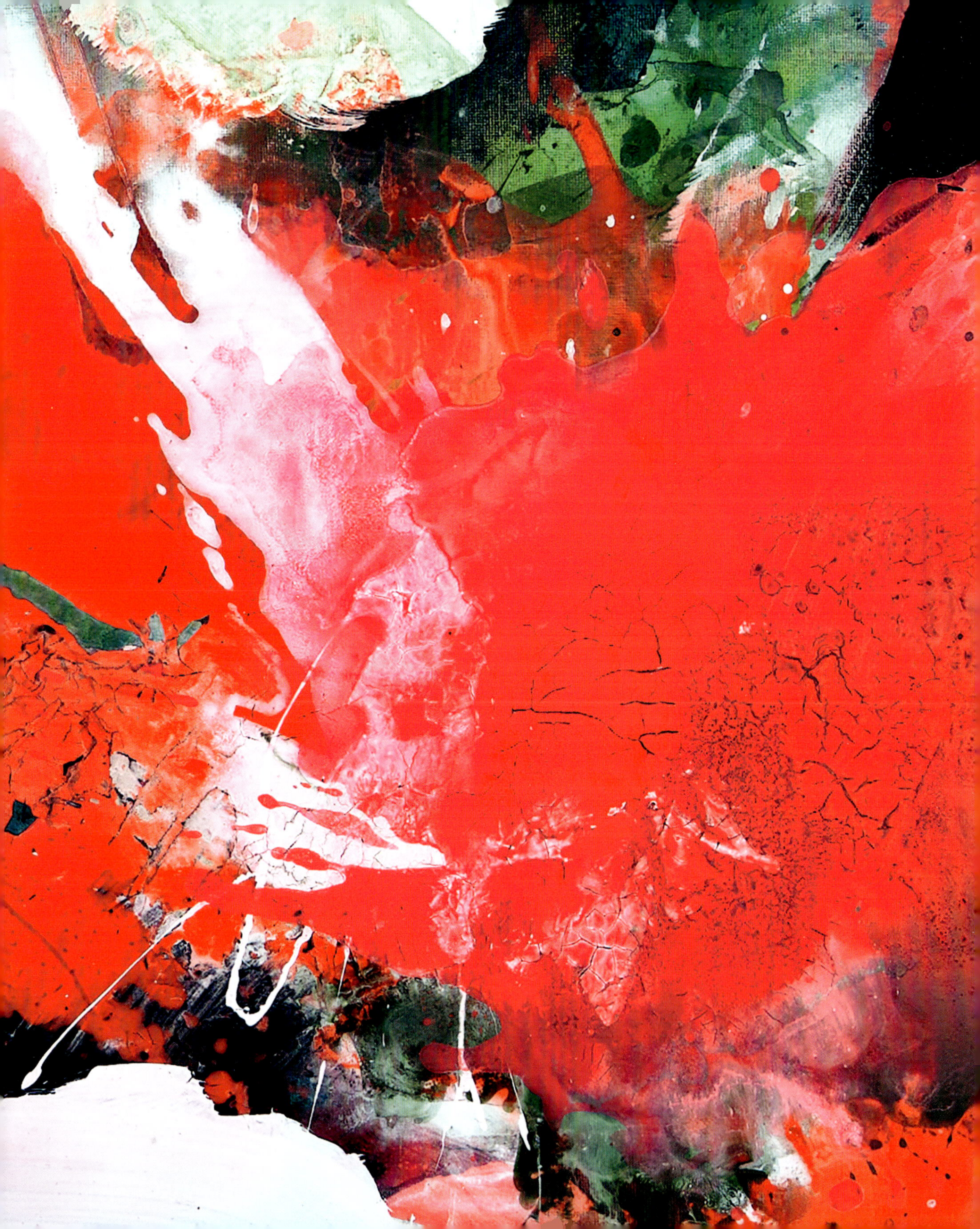

Los geht's

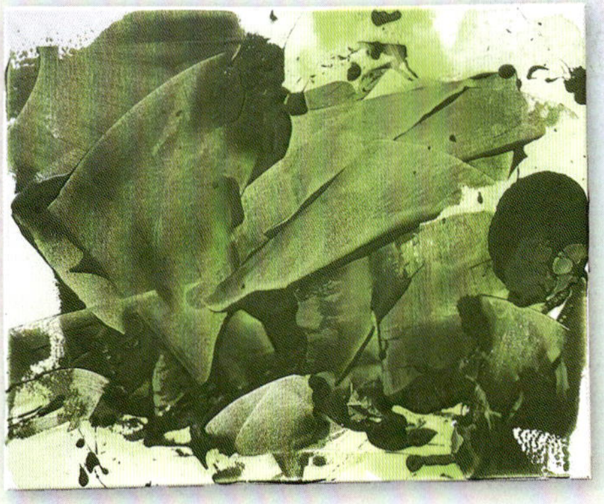

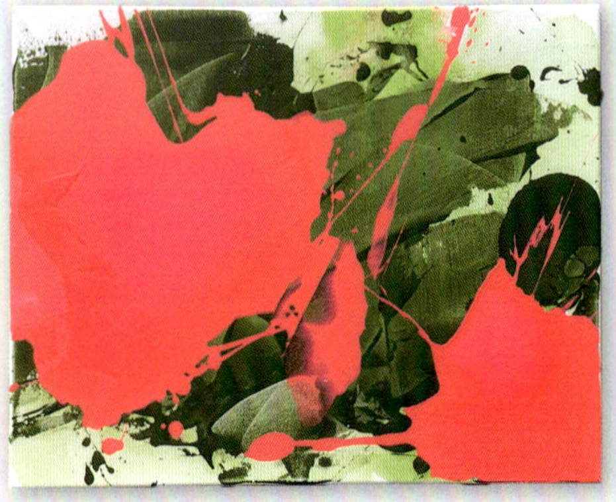

1 Gib in einen Becher Mittelgrün und verdünne es mit etwas Wasser. Die Konsistenz sollte leicht cremig sein. Schütte die Farbe auf die Leinwand und verteile sie mit dem Flachspachtel. Rühre nun wenig Maigrün mit viel Wasser im Becher gut auf. Schütte die Farbe auf das noch nasse Bild und bewege die Leinwand in unterschiedliche Richtungen.

2 Nachdem alles gut getrocknet ist, verrühre für die dritte Schicht Neonpink mit Wasser. Die Farbe darf nicht zu dick sein, da sie direkt aus dem Becher geschüttet wird. Nimm den vollen Becher und gib die Hälfte der Farbe in einen zweiten Becher. Dann schüttest du mit Schwung Becher für Becher das Neonpink auf zwei Stellen.

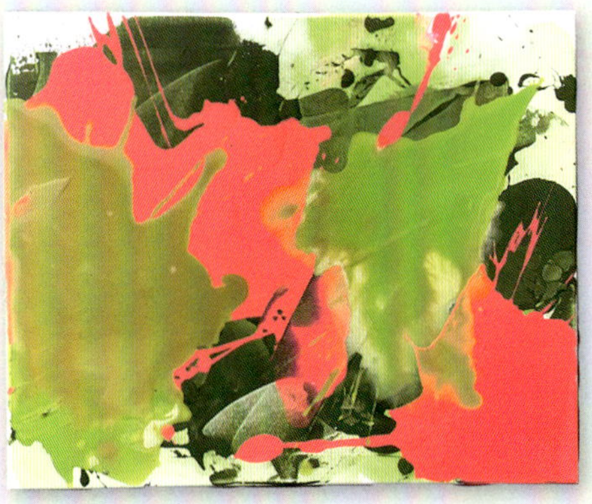

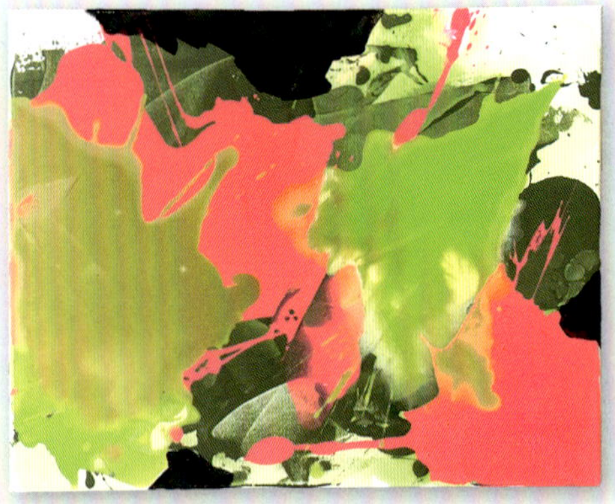

3 Nach dem Trocknen bildet das Maigrün die vierte Schicht. Verdünne die Farbe im Becher mit Wasser und schütte wieder zwei ruhige Elemente auf die Leinwand.

4 Nimm anschließend ein leicht verdünntes Schwarz mit dem Flachpinsel auf und gestalte an drei Stellen am Rand des Bildes kleine Farbflächen.

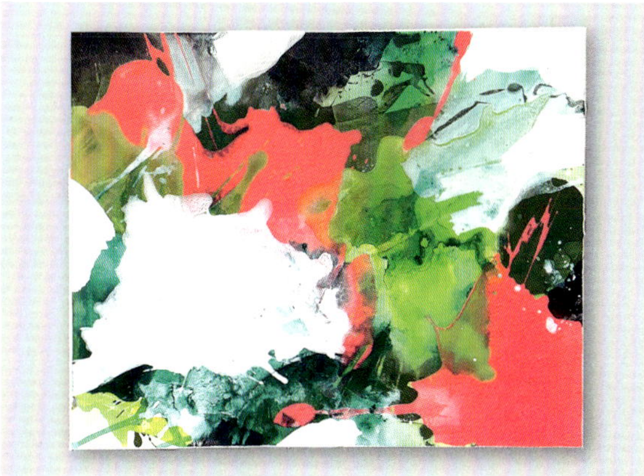

5 Nachdem alles getrocknet ist, verdünne das Viridian-Grün, sodass es lasierend ist. Schütte dann die Farbe auf die Leinwand und bewege diese hin und her. Zu viel Farbe an einer Seite ablaufen lassen. Ungewollte Stellen mit einem Papiertuch abnehmen. Wenn dieser Auftrag getrocknet ist, schüttest du ein lasierendes Weiß auf die Stelle mit dem Viridian-Grün. Lass zusätzlich etwas von dem lasierenden Weiß auch über die schwarzen Stellen laufen. Zu viel Farbe auf dem Bild lässt du ablaufen.

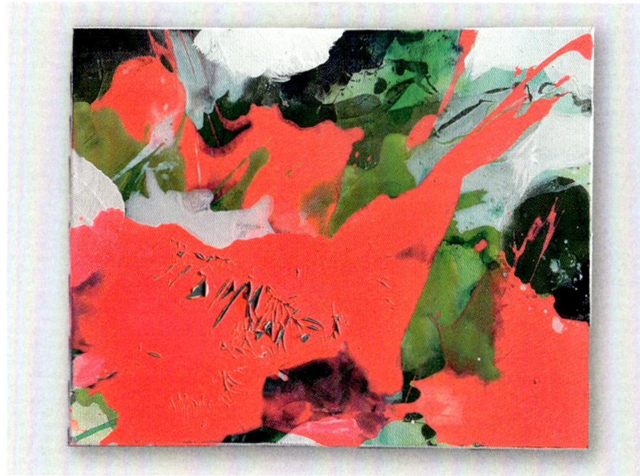

6 Neonrot und Neonorange jeweils mit Wasser verdünnen. Mit dem Flachspachtel und den Farben kannst du dann eine große und kleinere Form quer über die Fläche gestalten und lässt alles wieder trocknen.

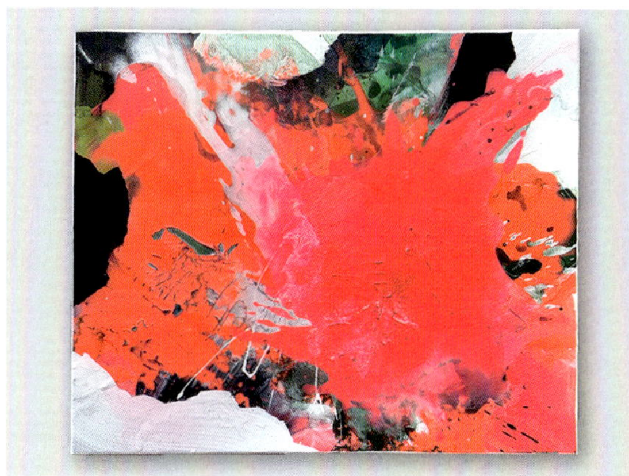

7 Beginne mit einem lasierenden Weiß, das mit Schwung auf die Leinwand aufgetragen wird. Ist die weiße Flache getrocknet, schüttest du ein verdünntes Neonrot darüber. Mit dem Flachpinsel und Schwarz gestaltest du an zwei Stellen am Rand des Bildes kleine Elemente.

FARBKONTRAST

Jede Farbe erzeugt, abhängig von ihrer jeweiligen Eigenschaft, in Zusammenstellung mit einer anderen Farbe eine ganz neue Wirkung. Diese Wirkung erlebe ich auf meinen Bildern. Grün und Rot bilden für mich einen starken Kontrast, den ich abschwäche, indem ich die Flächengröße der jeweiligen Farbe aufeinander abstimme. Beide Farben sollen eher gleichwertig wirken und zugleich eine Spannung erzeugen.

Malgrund

Leinwand 40 x 60 cm

Material

Flachspachtel
Flachpinsel
Rührpinsel
kleine Becher
Wasser
Kohlestift

Farbe

ACRYLFARBEN

Maigrün
Grün
Neongelb
Indischgelb
Rot
Schwarz
Weiß

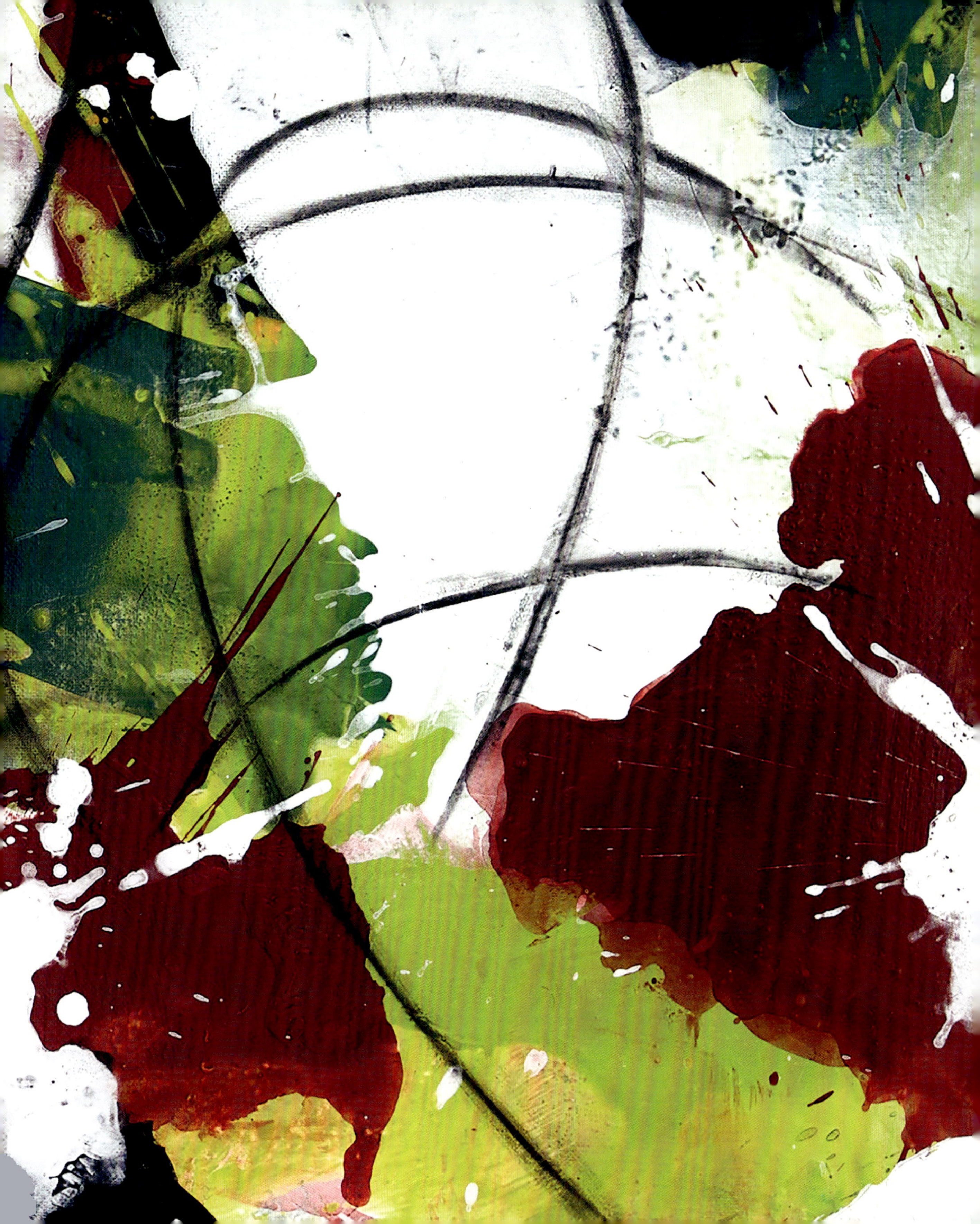

Los geht's

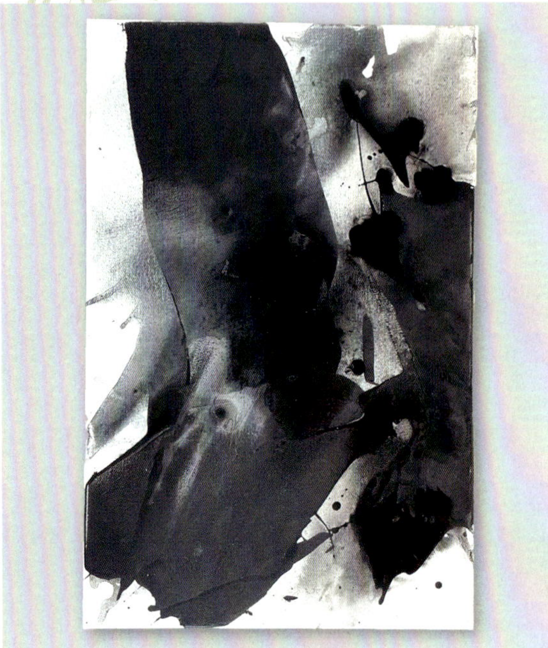

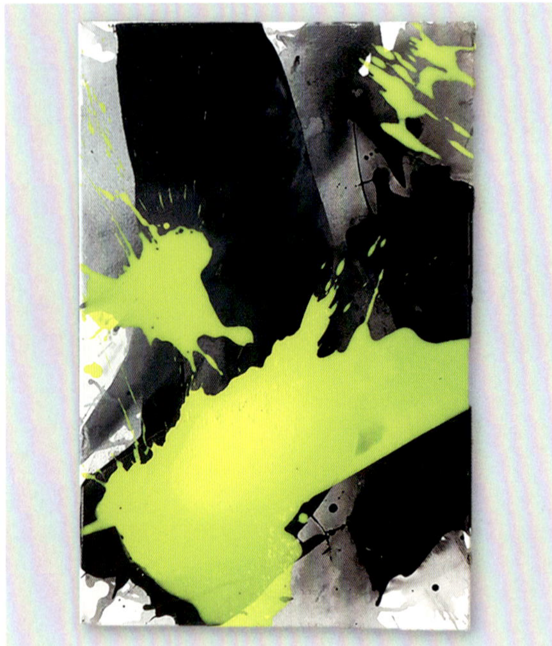

1 Bereite dir in einem Becher eine leicht verdünnte Farbe in Schwarz vor. Gib dann an mehreren Stellen die Farbe direkt aus dem Becher auf die Leinwand. Nimm den Flachspachtel und verteile damit die Farbe. Fülle dann einen halben Becher mit Wasser und schütte es stellenweise über das nasse Schwarz. Warte einen Moment und hebe die Leinwand dann an, um das Wasser wieder ablaufen zu lassen. So entsteht auf deiner Leinwand ein zusätzlicher Effekt. Lass dann alles gut trocknen.

2 Für die zweite Farbschicht nimmst du die Farbe Neongelb. Gib etwas in einen Becher und verdünne es mit Wasser. Die Konsistenz sollte leicht cremig sein. Nimm einen zweiten Becher und fülle diesen mit deinem angerührten Neongelb, nicht ganz bis zur Hälfte. Dann schüttest du quer mit Schwung die Farbe auf den unteren Teil deiner Leinwand. Gib nochmals etwas Farbe in den Becher und gestalte damit zwei kleiner Flächen. Trocknen lassen.

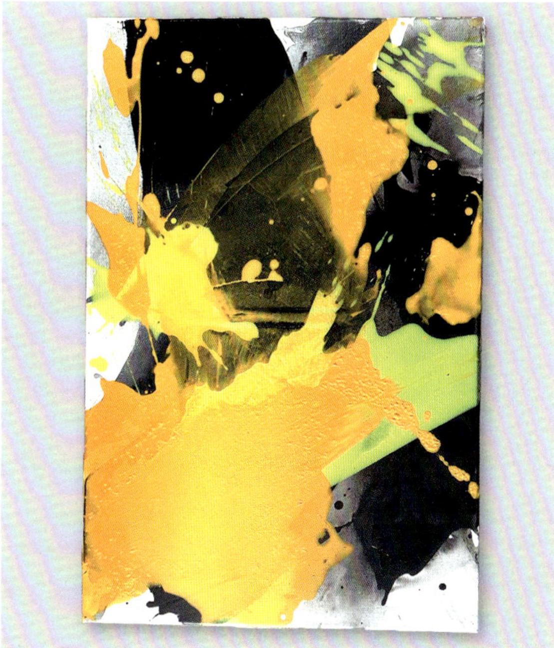

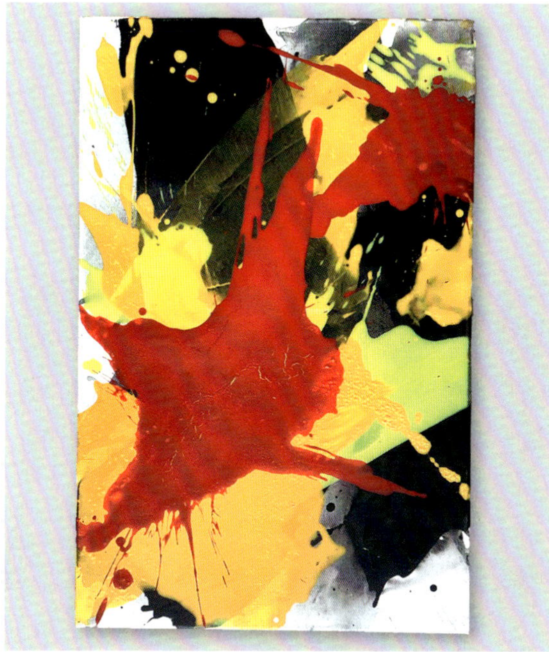

3 Nimm jetzt die Farbe Indischgelb für die dritte Farbschicht. Verdünne diese mit Wasser und schütte sie auf das Neongelb. Gestalte noch drei kleinere Stellen, indem du den Auftrag dann noch mit dem Flachspachtel bearbeitest. Halte den Spachtel gerade auf die kleinen Stellen und ziehe ihn mit Schwung durch die Farbe. Farbspritzer sind erwünscht.

4 In einem Becher verdünnst du das Rot mit Wasser. Teile die Farbe wieder in zwei Becher auf und schütte diese an zwei Stellen auf. Dieser Auftrag muss jetzt trocknen.

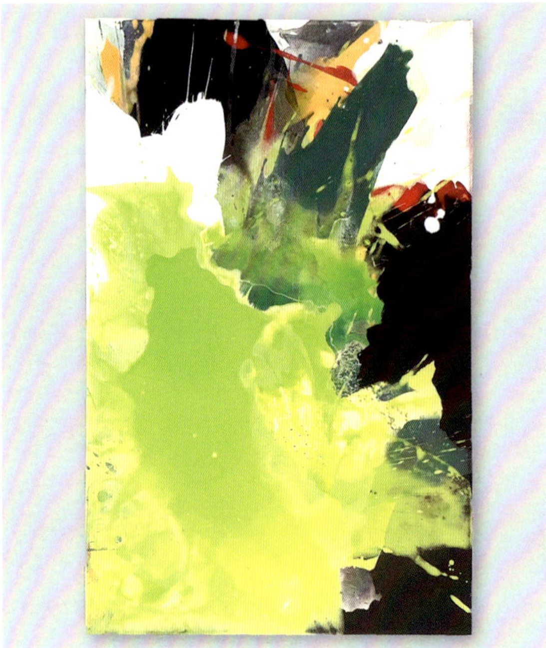

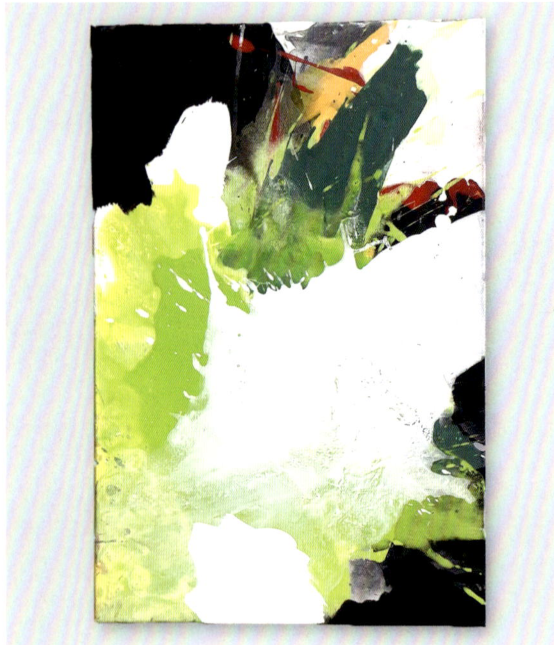

5 Jetzt benötigst du die Farben Grün, Weiß und Maigrün. Schütte zuerst das Grün auf die Leinwand und lass diese trocknen. Dann kommt eine Schüttung mit Weiß. Wenn das Weiß getrocknet ist, wiederholst du diesen Vorgang mit Maigrün. Über diese Schüttung mit Maigrün wird noch eine lasierende Schicht Maigrün geschüttet.

6 Nach dieser Trocknungsphase nimmst du deinen Flachpinsel und gestaltest am unteren Bildrand mit Weiß ein Element auf das Bild. Danach nimmst du ein lasierende Weiß und schüttest es quer darüber. Zu viel Auftrag lässt du nach rechts kurz ablaufen. Hebe dazu die Leinwand einen Moment an. Oben links in der Ecke wird dann die schwarze Stelle mit dem Pinsel noch vergrößert.

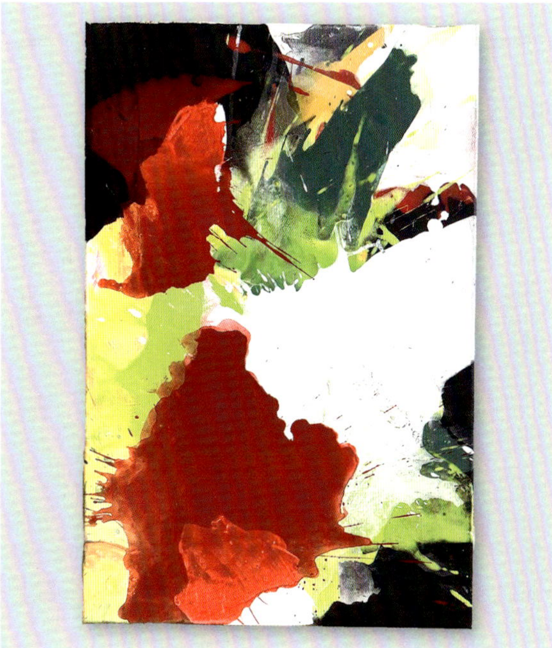

7 Wenn dein Bild getrocknet ist, wird mit der roten Farbe weiter gearbeitet. Verdünne das Rot und verteile dieses in zwei Becher. Dann mit Schwung zwei Stellen auf die Leinwand bringen und wieder trocknen lassen.

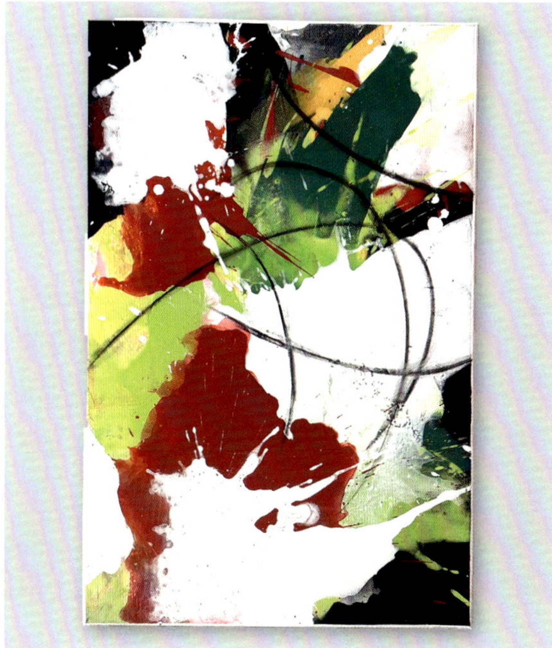

8 Die zwei letzten Aufträge sind in Weiß. Gestalte mit Schütten der lasierenden Farbe im unteren und im oberen Teil Formen. Spritzer sind erwünscht, da sie das Bild lebendig machen. Zum Abschluss zeichnest du mit Kohle Linien auf das getrocknete Bild.

SPIELERISCHE EBENE

Ich denke an ein Zitat von Pablo Picasso: „Das Geheimnis der Kunst liegt darin, dass man nicht sucht, sondern findet.“ Passender könnte es in der abstrakten Welt nicht sein. Farben leben durch Formen, Farbklänge entstehen, ungewolltes Chaos wird neu geordnet. Wir entdecken immer wieder neue Ebenen, die wir spielerisch und intuitiv begleiten und so eine eigene Handschrift entwickeln. Pures Abenteuer!

Malgrund

Leinwand 70 x 50 cm

Material

Flachspachtel
Flachpinsel
kleine Becher
Rührpinsel
Wasser
Papiertuch

Farbe

ACRYLFARBEN

Schwarz
Neongelb
Indischgelb
Maigrün
Weiß

Los geht's

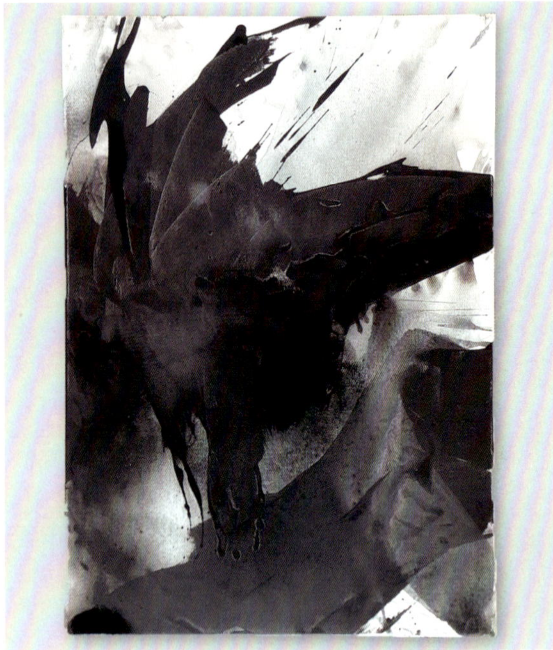

1 Für den ersten Auftrag verdünne schwarze Farbe mit etwas Wasser. Leere diese direkt aus dem Becher auf die Leinwand. Nimm deinen Flachspachtel und ziehe diesen mit Schwung durch, sodass einige Spritzer entstehen.

2 Verdünne jetzt nochmals Schwarz mit viel Wasser, sodass es lasierend ist. Schütte das Schwarz über die noch nasse Leinwand. Jetzt muss alles erstmal trocknen.

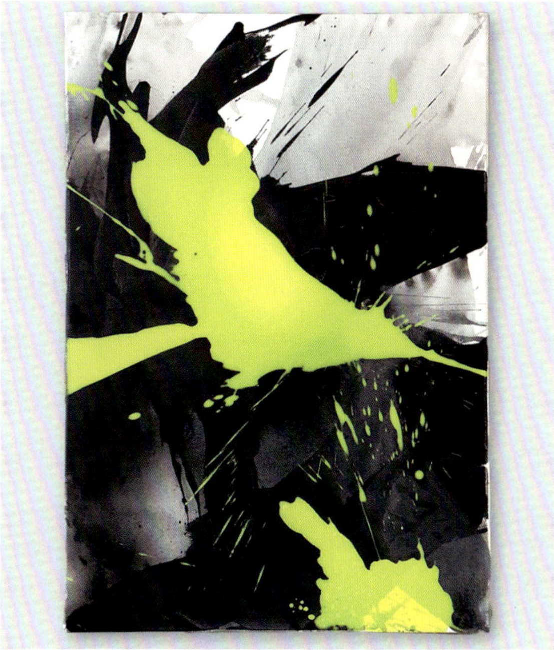

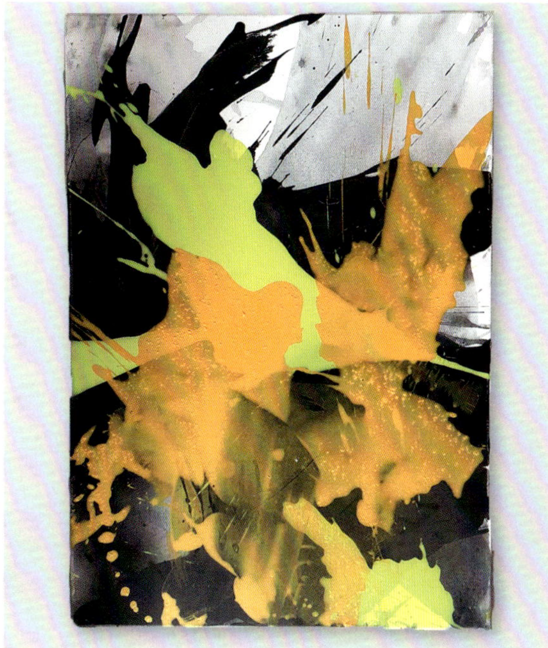

3 Der zweite Farbauftrag wird mit dem Farbton Neongelb geschüttet. Für diese Schüttung wird das Neongelb mit Wasser zu einer leicht cremigen Konsistenz verdünnt. Nimm einen zweiten Becher und gib etwas von der fertigen Farbe hinein, da du zwei Elemente auf der Leinwand benötigst. Schütte die Farben direkt aus dem Becher mit Schwung, damit auch Spritzer entstehen können.

4 Wenn der Untergrund gut getrocknet ist, arbeitest du mit einem verdünnten Indischgelb. Schütte an drei Stellen die Farbe auf. Anschließend nimmst du den Flachspachtel und ziehst die Stellen etwas auseinander. Trocknen lassen.

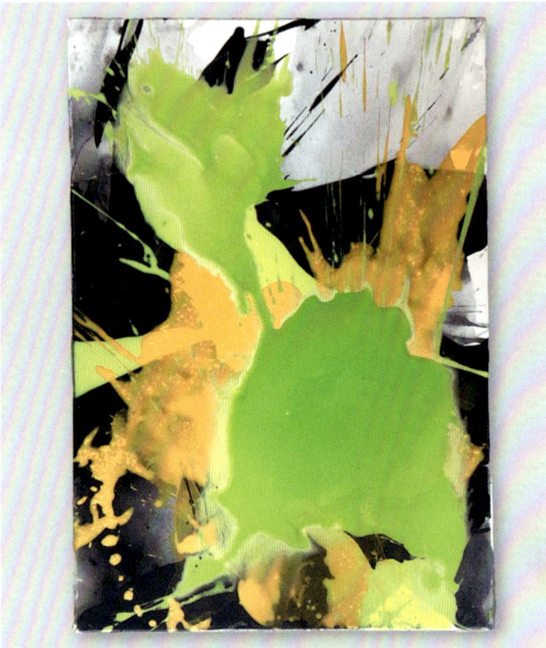

5 Mische das Maigrün mit Wasser an. Die Konsistenz sollte auch hier wieder cremig, aber nicht zu dick sein. Gestalte dann zwei Formen auf dem Bild. Leere die Farbe aus dem Becher auf die Leinwand, sodass ruhige Stellen entstehen. Bewege das Bild nach allen Seiten, damit das Maigrün auseinander laufen kann.

6 Auf den getrockneten Untergrund kommt jetzt die letzte Farbschicht. Verdünne weiße Farbe mit Wasser. Die Konsistenz sollte auch hier nicht zu dick sein, aber auch nicht lasierend. Gearbeitet wird direkt aus dem Becher und ohne Spachtel. Schütte an zwei Stellen die weiße Farbe mit Schwung auf. Zu viel gewordene Spritzer nimmst du mit einem Papiertuch anschließend gleich ab. Gestalte unten rechts in der Ecke mit dem Flachpinsel noch ein kleines weißes Element. Wenn das Weiß fast trocken ist, ziehst du mit dem Kohlestift schwungvolle Linien darüber. Dass die Kohle dabei etwas verwischt, ist Absicht.

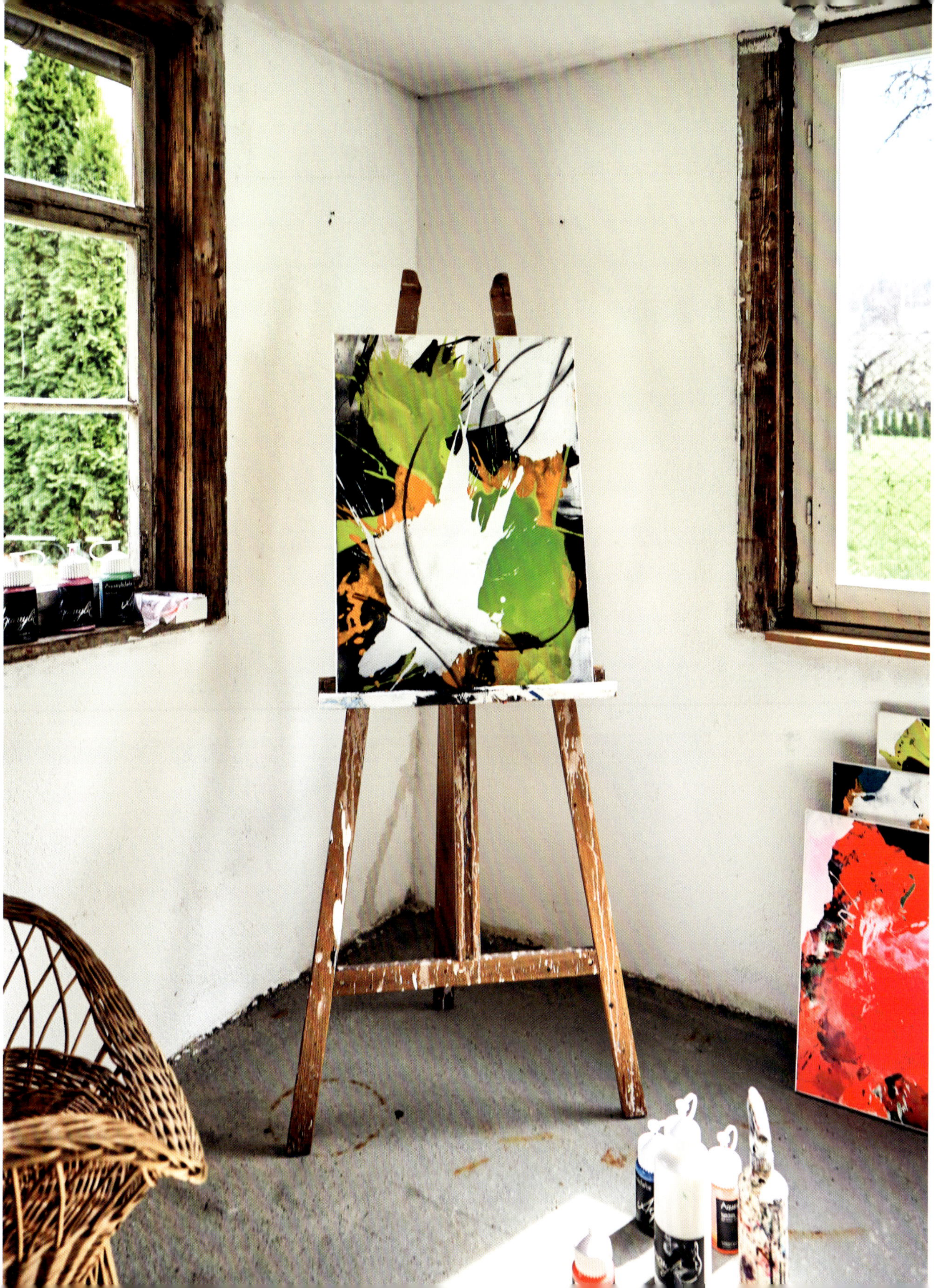

DANKSAGUNG

Die wichtigsten Menschen sind die, die fest an dich glauben und die dich lieben für das, was du bist.

Mein herzlicher Dank gilt meiner Lektorin Franziska Klorer und dem gesamten Team vom EMF Verlag. Sie haben mich gefunden und die Möglichkeit geschaffen, dass dieses kreative Buch entstehen konnte.

Zudem danke ich der Firma Aquarylic, die mir ihre wunderbaren Farben zur Verfügung gestellt hat, welche mein künstlerisches Schaffen bereichern und meinen Bildern Leuchtkraft verleihen.

Ein großes Dankeschön an all meine Follower auf der Plattform Instagram, ihr seid die Sterne am Himmel, die für mich leuchten.

Ein unvergessliches Dankschön geht an meinen Eltern, die mir die Möglichkeit geben, mich in einem großen Atelier zu verwirklichen.

Meiner Tochter Sydney möchte ich von Herzen danken, für die Geduld und liebevolle Unterstützung meiner Aufgaben im Background.

Mein besonderer Dank gilt meinem Mentor und Lebenspartner Dietmar Wölfl, der mich in der Kunst stets begleitet, unterstützt und immer für mich da ist. Er ist meine größte Quelle der Inspiration.

ÜBER DIE AUTORIN

Wenn ein Punkt zur Linie wird und Linien wiederum zu dynamischen Flächen werden, entsteht unter den Händen der Künstlerin Anke Ryba informelle Malerei auf der Basis einer unfassbar dynamischen Technik. Ihre Werke werden in vielen Farbschichten aufgebaut, sie begleitet dabei den Zufall und erarbeitet sich immer neue Kompositionen in einer abstrakten, unnachahmlich kraftvollen Bildsprache. Ihr spielerischer Umgang mit ausgefeilter Technik und die offensichtliche Leichtigkeit im Umgang mit ihren Bildideen verleihen ihren Werken eine individuelle Handschrift. Auf ihren vornehmlich großformatigen Leinwänden finden wir Acrylfarben, Aquarylic, Öl, Spachtelmasse und Sand, stets perfekt aufeinander abgestimmt. Sie arbeitet in einem 120 qm großen Atelier in Baden-Württemberg und hat so einen großen Freiraum für die Entwicklung ihrer eigenen bildenden Kunst.

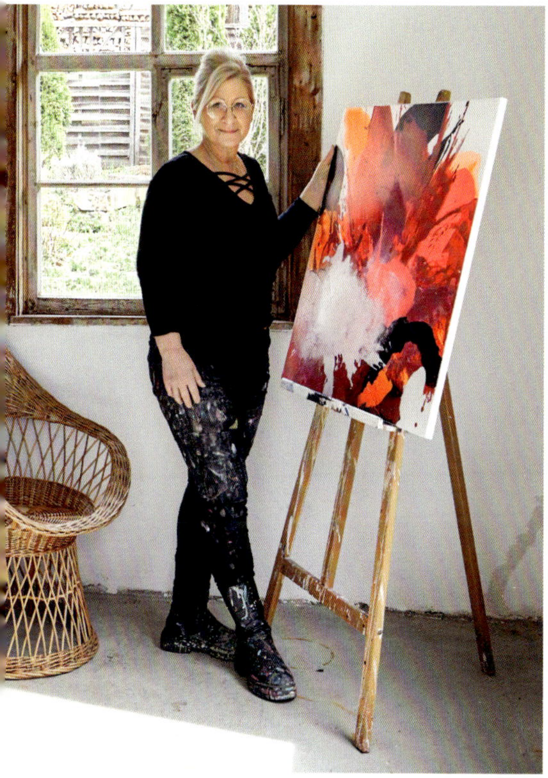

Anke Ryba, ihre künstlerische Wertigkeit und die Bedeutung ihrer Arbeiten im Kontext des Kunstmarktes begeistern Publikum, Presse und Galerien gleichermaßen.

Ihre wunderbaren Arbeiten nehmen uns Betrachter*innen dorthin mit, wohin sie die Phantasie der Künstlerin tragen soll. Ihre Bilder sind gemalte Leidenschaften, sie meistern die Extreme zwischen Realität und Traum, zwischen dem Fühlbaren und dem Metaphysischen. Kunst ist für die sympathische Künstlerin eine Form der Selbstdarstellung und wohnt in der Eigenschaft des Tuns. Es ist für sie die intensivste Form des Individualismus.

Günter Weiler

IMPRESSUM

Bibliografische Information der Deutschen Bibliothek.

Die Deutsche Bibliothek verzeichnet diese Publikation in der Deutschen Nationalbibliografie. Detaillierte bibliografische Daten sind im Internet über http://www.dnb.de/ abrufbar.

EIN BUCH DER EDITION MICHAEL FISCHER

1. Auflage 2023

Covergestaltung: Katharina Bittel
Redaktion und Lektorat: Dr. Franziska Klorer
Layout: Katharina Bittel
Satz: Luca Feigs

Bildnachweis (Schmuckelemente/-illustrationen Cover und Innenteil): © Vit-Mar/shutterstock, © chempina/shutterstock, © ADELART/shutterstock, © DiskoDancer/shutterstock

ISBN 978-3-7459-1287-6

Gedruckt bei Polygraf Print, Čapajevova 44, 08001 Prešov, Slowakei

www.emf-verlag.de